RELATION

DE LA

CAPTIVITÉ

DE

S.A.S. Mgr. le DUC de MONTPENSIER

PENDANT,

Les années 1793, 1794, 1795, et 1796,

ÉCRITE,

PAR LUI MÊME.

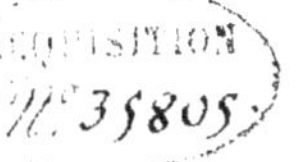

A TWICKENHAM :

DE L'IMPRIMERIE DE G. WHITE,

1816.

N.B. Mgr. le Duc de Montpensier étant né le 3 Juillet, 1775. n'avait que 17 ans lorsqu'il fut arrêté.

Mgr. le Comte de Beaujolois étant né le 7 Octobre, 1779, n'avait que 13 ans à la même époque.

MA CAPTIVITÉ

DE

QUARANTE-TROIS MOIS.

CETTE longue et pénible captivité commença, dans les premiers jours d'Avril 1793. Le quartier général de l'armée d'Italie était alors à Nice, et je l'avais rejoint peu de tems auparavant, en qualité d'adju--dant général, Lieutenant-colonel. L'Armée était commandée par le Duc de Biron, et ce brave et excellent homme me donnait chaque jour de nouvelles preuves de son ancien attachement pour notre famille, ainsi que de la droiture de ses intentions. J'allais diner chez lui le 8. Avril (jour fatal que je ne saurais oublier!) ne le trouvant pas dans son sallon, je m'avançois vers la porte de son cabinet, lorsque je l'en vis sortir pré--cipitament, et avec les marques d'une vive agitation. Il tressaillit en m'appercevant, et me dit ensuite à demi-voix, qu'il aurait à me parler en particulier. J'entrai aussitôt dans son cabinet, et lorsqu'il en eut fermé la porte,— " Vous voyez," s'écria-t-il, "un homme au désespoir: j'ai " d'affreuses nouvelles à vous annoncer." Imaginant aussi-tôt qu'il s'agissait de quelque malheur, survenu à mon frère, ou à mon père, je lui demandai avec empresse--ment si mes craintes étaient fondées.—" Non" me ré--pondit-il, " C'est de vous seul dont il s'agit."—" Si cela " est ainsi, je respire ; mais dites-moi, Général, de quel " malheur personnel suis-je donc menacé ?"—" Je viens " de recevoir l'ordre de vous arrêter, et de vous faire

_______ " conduire sous bonne escorte, dans les prisons de
1793. " l'Abbaye, à Paris."—" Mais cet ordre ne concerne-t-il
" que moi ?"—" Vous seul. On ne me parle pas du
" reste de votre famille, et si c'était une mesure géné-
" rale, j'imagine qu'on me le manderait. Au reste, voiçi
" l'ordre : lisez-le vous-même." Je le lus : il était signé
par les membres du comité de salut public, et on n'y
parlait effectivement que de moi seul. " Eh bien gé-
"-néral, je suis votre prisonnier !" Les larmes lui vinrent
aux yeux. " Ah ! rendez justice à mon attachement :
" il est sincère, il est sans bornes. Que puis-je faire ?
" parlez moi franchement, je vous le demande à genoux !
" N'auriez vous pas, soit dans vos lettres, soit dans vos
" propos, soit enfin d'une manière quelconque, commis
" quelqu'indiscrétion qui ait indisposé contre vous les
" gouvernants actuels ?"—" Non, ils ne peuvent guères
" ignorer les sentimens qu'ils m'inspirent, ainsi qu'à
" tout honnête homme ; mais ils me font bien de l'hon-
"-neur d'avoir peur de moi."—" Mais enfin vous croyez-
"-vous en danger ?"—"Il est impossible de s'en croire en-
" -tièrement exempt, lorsqu'on tombe en de pareilles
" mains."-" Ma position est affreuse ! j'aimerais mille fois
" mieux reçevoir un coup de fusil dans la tête, qu'une
" pareille commission. Enfin, dites-moi, au moins, si
" vous n'avez pas quelques papiers, qui puissent vous
" compromettre, afin que nous nous dépêchions de les
" brûler, avant qu'on en fasse l'inventaire et qu'on y
" mette les scellés."—" Si vous voulez venir chez moi,
" nous en ferons ensemble la visite."—" Il faut que je
" vous conduise chez vous, que je mette une sentinelle
" à votre porte, et vous partirez ensuite pour Paris,
" quand vous voudrez. Je vous donnerai pour vous
" accompagner dans ce triste voyage, une escorte de
" Gendarmerie."—" Non, je vous prie, ne me donnez
" pas d'escorte : car, ce serait un moyen certain de me
" faire massacrer sur la route, en faisant croire aux Jaco-
" -bins de tous les endroits par où je passerai, que je suis

" un aristocrate et un contre-révolutionnaire."—" Eh
" bien, vous n'aurez pas d'escorte; mais vous aurez un
" officier, qui aura soin de se revêtir d'une redingotte
" grise." Après cette conversation, nous nous rendi-
-mes chez moi, et quoique le Général Biron eût quel-
-qu'envie d'y être un moment seul avec moi, il ne put
empêcher le Commandant de la place, nommé *la
Barre*, d'y entrer à notre suite : cependant, comme
nous le connaissions pour un honnête homme, et qu'il
n'y avait pas un moment à perdre pour visiter mes
papiers avant que les commissaires n'arrivassent, je
lui annonçai que j'allais prendre cette précaution, en
l'invitant à co-opérer à cet examen. " Fort bien," me
dit-il, " il est plus qu'inutile de donner prise sur soi à
" ces gens là : Epluchons vos papiers, et depêchons
" nous."

Parmi quelques lettres très indifférentes, il s'en
trouvait deux de mon frere ainé, dans lesquelles
il m'exprimait fortement dégoût que lui inspirait la
tournure qu'avait prise la cause dans laquelle nous
nous trouvions engagés, et son desir extrême de s'en
séparer. Ces lettres eussent suffi pour me convaincre
d'intelligence coupable avec un contre-révolutionnaire,
et par conséquent, pour me perdre ; La Barre, les brûla
avec un empressement, qui, véritablement, me pénétra
de reconnaissance, d'autant plus que je n'avais jamais eu
la moindre liaison avec lui. Ce la Barre avait été Lieu-
-tenant Colonel avant la Révolution, et se trouvait alors
Colonel du régiment de Lorraine Dragons, et comman-
-dant de la place de Nice. Il fut fait Maréchal-de-camp,
quelque tems après, et fut tué dans une affaire contre
les espagnols. J'ai sincèrement regretté de n'avoir pu
prouver à ce brave homme, combien j'avais été sensible
à son procédé. Enfin, pour revenir à mon récit, les
Municipaux, envoyés par les Commissaires de la Con-
-vention, pour mettre les scellés sur mes papiers, arrivèrent
un moment après la brûlure des deux lettres : ils ne trou-

______-vèrent rien, mais pour que leur peine ne fût pas entièrement perdue, ils mirent leurs scellés sur des lettres insignifiantes, des papiers publics, et du papier blanc. Après cet exploit, et la fouille de tous mes effets, ils s'en allèrent d'assez mauvaise humeur. Le malheureux Biron, qui avait assisté à cette cérémo- -nie, s'approcha alors de moi, me serra fortement la main, et sortit précipitament, oubliant dans ma chambre, son chapeau et ses gants : Je les lui renvoyai, et je pro- -fitai de cette occasion, pour lui écrire un billet, dans lequel je lui renouvellais les assurances bien sincères de ma vive amitié, et je lui exprimais combien j'étais péné- -tré des marques d'attachement, qu'il venait de me don- -ner. Il me fit répondre verbalement, que je lui avais procuré une véritable consolation, en lui prouvant que je rendais justice à ses sentimens ; mais qu'il avait le cœur nâvré, et qu'il avait bien besoin de se répéter sans cesse, que mon âge (j'avais alors dix-sept ans et demi) et le peu d'intérêt qu'on aurait à me sacrifier, me mettait à l'abri du danger. La personne que j'avais chargée de cette commission, m'apprit que la sentinelle, qui était à ma porte, n'avait aucune consigne, et que, ne me con- -naissant vraisemblablement pas, ne sachant peut-être même pas qu'elle me gardait, il me serait fort aisé de sortir, si j'en avais envie. J'ai pensé depuis que cette circonstance, qui paraissait l'effet d'un oubli, ou d'une distraction, était certainement une précaution de M. de Biron, pour que je pusse m'évader : car il était alors beaucoup plus affligé, et plus inquiet que moi-même. Quoi qu'il en soit, je me déterminai, après un peu de réflexion, à ne point profiter de cette facilité. J'étais bien sûr de me sauver, si je l'avais voulu ; mais à quoi m'eussent servi ma liberté, et même ma vie (à supposer qu'elle fût en danger, ce dont je n'était pas sûr) si j'avais ainsi sacrifié à des craintes, peut-être frivoles, le repos et la sureté des êtres chéris, que je laisserais en France, et qu'on ne manquerait pas de tourmenter à mon sujet ?

cette considération me détermina, et je renonçai à toute idée de fuite. Les circonstances dans lesquelles mon frère se trouva, étaient bien différentes. Ayant eu occasion de manifester ses sentimens, en même tems que le Général Dumouriez, il ne pouvait avoir aucun doute sur le sort qu'on lui préparait. Il partit, et fit fort bien. Quant à moi, j'ignorais entièrement ce qui se passait à l'armée de Dumouriez: mon frère m'expédia, pour m'en instruire, un courier déguisé qui malgré une diligence extrême, n'arriva que trente heures après mon arrestation. Il me rencontra à environ quarante lieues de Nice, sous la garde d'un Officier de Gendarmerie. Mon valet de chambre qui était à cheval reconnut le courier qui lui demanda où j'étais et apprenant qu'on me menait en prison, il le pria de ne parler de lui à personne, pas même à moi, et se fit passer simplement pour un porteur de dépêches au Général Biron. (1)

Je partis de Nice vers huit heures du soir, avec un Officier de Gendarmerie, et un Maréchal des Logis, dans ma voiture, et mon valet de chambre à cheval. Il ne m'arriva rien de remarquable jusqu'à Aix, si ce n'est qu'en traversant la Ville de Brignolles, un grand nombre de Jacobins, rassemblés, sur la place, arrêtèrent ma voiture, et demandèrent en jurant, à voir nos passeports. L'Officier qui était un très brave homme, et qui, dans de semblables occasions, avait sauvé la vie à plusieurs personnes, qu'il menait en prison, répondit d'un ton ferme, qu'il était porteur de dépêches pour la Convention, et qu'il n'y avait que des ennemis du bien public, qui pussent vouloir retarder son arrivée. Ils s'écrièrent qu'ils voulaient voir les ordres, parce qu'ils nous croyaient des aristocrates déguisés. L'Officier me dit tout bas : " Si " je leur montre mes ordres, vous êtes perdu: car " sachant qui vous êtes, ils vous mettront en pièces ;

1793.

Départ de Nice, arrestation à Aix, translation àMarseille sous escorte.

____

(1) Je ne fus instruit de tout cela, qu'assez long tems après.

" mais soyez tranquille, il fandra qu'ils m'arrachent la
" vie, avant d'attenter à la vôtre." Puis s'adressant à
eux, il leur dit qu'il ne pouvait confier ses papiers, ni
quitter le dépôt dont il était chargé, et qui était dans la
voiture ; mais qu'ils n'avaient qu'à faire venir le Maire,
ou le procureur de la commune, et qu'il leur montrerait
ses ordres.   Ils y consentirent, en murmurant, et lorsque
ces personnages furent à la portière, mon brave gardien
(dont le nom étoit *Pélissier)* leur lut ses ordres, en les
arrangeant à sa manière, et leur montrant, ensuite, les
signatures des Commissaires de la convention, et du
Général en Chef, il leur dit : " Vous voyez que je suis
" en règle, et que ma mission est importante : ne souf-
" -frez donc pas qu'on me retienne davantage."—Puis
ordonnant an postillon d'aller, nous partîmes, malgré
tous les cris *d'arrête, arrête,* qu'on ne cessait de hurler
derrière nous.

Nous arrivâmes à Aix, le 11 Avril, à deux heures du
matin. Nous comptions ne faire que traverser la ville, sans
nous y arrêter, et nous acheminer le plus promptement pos-
-sible vers Paris : car mon Officier de Gendarmerie, qui
avait déjà eu affaire aux Jacobins du Midi, m'assurait
qu'il n'aurait pas de repos, jusqu'à ce qu'il m'eût tiré de
leur pays et que tant qu'il m'y verrait, il me croirait en
grand danger. (1)   Mais nous trouvâmes à la porte
d'Aix, une Garde nombreuse, qui arrêta notre Voiture,
l'environna, et nous conduisit à la Municipalité.   Là,
nous subimes une espèce d'interrogatoire je dis *nous :*
car mon gardien qu'on soupçonnait d'être un Aristo-
-crate déguisé, eut aussi à répondre à leurs questions :
Il eut beau protester contre les retards dont on entravait
l'exécution de ses ordres, déclarer que ceux qui se
conduisaient ainsi, se rendaient coupables de déso-
-béissance aux autorités, ces Messieurs n'en tin-

---

(1) Ni lui, ni moi ne pouvions prévoir alors, que je ne sortirais pas de
ce Midi si redoutable, et que ce serait là ce qui me sauverait.

rent compte, et souriant finement du plaisir que leur causait une aussi bonne capture, nous ordonnèrent de passer dans une salle voisine, en attendant le résultat de leurs délibérations. Mon gardien était furieux ; mais il fallut obéir, et je ne pus m'empêcher de lui faire mon compliment, sur ce que de *Gardien, il était devenu prisonnier comme moi.* Il prit fort bien ma plaisanterie, et me répéta que ma sûreté était le principal but des instances qu'il venait de faire, et du chagrin que lui causait leur peu de succès ; " car," ajouta-t-il, " je ne " connais rien de plus méprisable et de plus révoltant " que ces êtres, qui, pour plaire à une vile canaille, sa- " crifient, sans balancer, les hommes les plus innocens " et les plus respectables." Comme nous étions à causer sur ce triste chapitre, tous deux seuls, dans une grande salle, voisine de celle où la Municipalité tenait ses séances, nous entendîmes un grand bruit en dehors ; plusieurs voix criaient, " Nous entrerons ;" d'autres, " Non, vous n'entrerez pas." Ensuite des coups redoublés contre la porte dont les deux battans furent bientôt ouverts, et une foule de gens du peuple, en bonnets rouges, et en vrai costume de *sans-culotte*, se précipita dans la salle. Heureusement pour nous, plusieurs Officiers et Soldats de la Garde Nationale arrivèrent presqu'en même tems, en criant : " Citoyens, par " quel ordre êtes vous entrés ici, et avez vous forcé la " Garde qu'on avait mise à la porte ?" Un d'eux répondit : " par ordre du peuple ; ne sais tu pas que le " peuple est Souverain ?" il n'y eut point de réponse à cet argument. " D'ailleurs," dit un autre, " nous ne " voulons faire de mal à personne, nous sommes venus " seulement pour voir les prisonniers qu'on nous cache, " et que nous voulons connaître." Dans ce moment parurent plusieurs municipaux en écharpe, qui les invitèrent, à se retirer, ce qu'ils firent aussi-tôt.

Après cette scène, qui fut, comme on peut croire

1793.

très désagréable, surtout au commencement, nous attendîmes encore près de deux heures dans cette salle, et il
était environ cinq heures du matin, lorsqu'on nous conduisit de nouveau dans la salle où nous avions été intro-
duits d'abord, et où nous trouvâmes cette fois l'administration du district, qui s'était jointe à la municipalité,
pour délibérer sur notre sort. Alors le Président
nous notifia la détermination de l'assemblée, en nous
donnant lecture d'un arrêté, qui portait, que nous serions
détenus à Aix, jusqu'à ce qu'on eût pu consulter l'administration du département, qui était à Marseille, et à
laquelle on venait de dépêcher un Courier. Mon
officier voulut renouveller encore ses objections, mais ce
fut en pure perte, et même on le fit taire. Je pris alors la
parole, pour témoigner l'extrême besoin de sommeil, qui
m'accablait, et demander qu'on me permît de le satisfaire
dans quelqu'endroit que ce fût : car, véritablement, je
dormais debout. On m'accorda ma demande, et on nous
conduisit dans une salle, où je m'étendis tout habillé.
Je ne me réveillai que vers midi : on m'apporta à déjeûner ; après quoi on me signifia que le peuple d'Aix avait
grande envie de me voir, qu'il ne voulait me faire aucun
mal, mais qu'il fallait qu'il satisfît sa curiosité ; qu'en
conséquence on allait ouvrir les portes, et que tout le
monde entrerait pour m'examiner. J'avoue que cette
cérémonie me déplut extrêmement ; mais il fallut s'y
soumettre, et il y aurait eu de la folie à vouloir s'y
opposer. Je pris seulement un livre par contenance,
et devenant ensuite excédé de leurs regards inquisitifs,
je demandai à ceux qui s'approchaient le plus, s'ils pen-
saient que mon nez, ma bouche, et mes yeux fussent
à-peu-près à la même place que les leurs. Comme la
salle était trop petite pour contenir tous les curieux, on
les faisait entrer les uns après les autres, et cette promenade dura jusqu'au soir, c'est-à-dire, environ cinq ou
six heures.

Le lendemain 12 Avril, on m'annonça dans la matinée,

que deux administrateurs du Département venaient d'arriver de Marseille, apportant l'ordre de me conduire dans cette Ville, pour m'y garder, jusqu'à ce qu'on eût reçu une réponse de la Convention, à laquelle on venait de dépêcher un courier. Les administrateurs entrèrent un moment après : ils me parlèrent assez honnêtement, me firent part de leurs ordres, et me dirent que j'allais être escorté jusqu'à Marseille, par une compagnie de grenadiers de la Garde Nationale, et que, de cette manière, ils répondaient de ma personne. Je les assurai que je n'avais aucune inquiétude à cet égard, et qu'ils feraient de moi tout ce qu'ils voudraient. L'Officier de Gendarmefie trouva, un instant après, le moyen de me dire tout bas : " On me sépare de vous, je le sais depuis hier au " soir ainsi que votre voyage à Marseille ; j'en ai été " d'autant plus tourmenté, que la populace de cette " ville est atroce ; mais on m'a assuré que les meneurs " la contiendraient, et qu'on ne voulait pas vous faire " de mal." Je le remerciai vivement de l'intérêt qu'il me témoignait, et étant appellé par les administrateurs, je sortis avec eux, au milieu d'une garde nombreuse. Nous montâmes en voiture, et sortîmes ainsi de la ville d'Aix, dont toutes les rues étaient pleines de monde. A peine fûmes nous hors de la ville, qu'un des administrateurs me dit que, si je l'en croyais, je descendrais de voiture, et que je ferais toute la route à pied ; que nous trouverions à Marseille, une foule immense, qui m'y attendait, et que, quoiqu'il n'y eût aucun danger, ils avaient résolu de faire passer ma voiture vuide, par les grandes rues les plus fréquentées, tandis que je m'acheminerais an milieu d'eux tous, par des rues détournées jusqu'au département. Je les remerciai de leurs précautions, et je profitai à l'instant de leurs avis, en descendant de voiture, et me résignant à faire à pied, les huit lieues qui séparent Aix de Marseille. J'eus à essuyer pendant la route, les propos les plus choquans et les plus indécens, de la part de plusieurs des grena-

1793.

diers, qui composaient mon escorte. " Ah," disait l'un d'eux, " nous avons bien coupé le tronc (1) ; mais " la besogne ne serait qu'à moitié faite, si nous n'arra- " chions pas ensuite tous les rejettons ; car sans cela, " l'arbre pourrait repousser encore." Une risée générale accompagnait le bon mot, et prouvait qu'on en avait fait l'application. Un autre prenait alors la parole, et cherchait à mériter, dans le même genre, les applaudissemens de ses camarades : quant à moi, je tâchais de n'avoir pas l'air d'y faire attention, et je m'occupais, pendant ce tems là à faire des questions à ceux, qui étaient à côté de moi, sur le pays, et sur les jardins et les maisons que nous voyions du chemin. Un d'eux dont le ton était très honnête, me dit assez bas, ponr qu'on ne pût l'entendre. " Je suis au désespoir " que vous ayez entendu les infâmes propos de ces " scélérats ; mais ne vous en affectez pas, et croyez que " vous avez, dans ce moment, autour de vous, des " honnêtes gens, qui s'intéressent vivement à votre " sort." J'exprimai ma sensibilité à ce brave homme, aussi bien, et aussi vite que je pus, et je l'assurai que le plaisir, qu'il venait de me causer, surpassait de beaucoup la sensation désagréable que j'avais éprouvée au- paravant.

Arrivée à Marseille, je suis en- fermé au Palais.

Nous dinâmes à moitié chemin et vers six heures du soir nous arrivâmes aux faubourgs de Marseille. Je trouvai comme on me l'avait annoncé, une multitude considérable, qui attendait avec impatience, l'arrivée du prisonnier d'Etat qu'on leur amenait. La Munici- palité et les administrateurs du département et du district, revêtus de leurs écharpes, étaient aussi venus au- devant de moi, afin, disaient ils, de protéger mon entrée. Ils m'environnaient, et deux d'entr'eux me prirent chacun un bras. " Ne vous effrayez pas," me dirent-ils,

---

(1) Faisant allusion à la mort du Roi Louis XVI.

" tout ceci n'est que pour votre sûreté." Je leur répondis que je n'en doutais pas, et que j'étais bien loin d'éprouver la moindre crainte ; mais je pensais intérieurement que tout cet appareil n'était bon qu'à me faire passer aux yeux du peuple, pour un grand coupable, et par là me faire massacrer. Cependant nous nous acheminâmes assez tranquillement, quoique, de tems en tems, nous fussions pressés violemment, et que plusieurs gens du peuple me fissent les gestes les plus menaçans. Enfin nous arrivâmes à une grande maison, que je crus être le département, et nous entrâmes dans une salle, où je me reposai avec plaisir car j'étais très fatigué. Le Président s'avança sur le balcon, et fit au peuple une assez longue harangue, pour l'inviter à la tranquillité, en l'assurant que, si le prisonnier était coupable, la loi en ferait justice ; mais qu'ils se souvinssent que la loi seule avait ce droit. Après cela, il fit à la Garde Nationale beaucoup de complimens, sur son zèle et sa vigilance. Il revint ensuite vers moi, et me dit d'un ton très amical, que je devais être bien fatigué, mais qu'on allait me faire passer dans un endroit où je pourrais prendre du repos. " Vous n'y serez pas " trop bien," ajouta-t'-il ; " mais un militaire sait " ce que c'est que de passer une mauvaise nuit, " et vous pouvez compter qu'on ne vous y laissera " pas longtems." Quelques instans après, ces messieurs me dirent de les suivre, et après avoir traversé plusieurs corridors, nous entrâmes dans un petit passage, qui donnait sur une cour très sombre, où je remarquai qu'on fermait une grille après nous. Au bout du passage était un trou noir, d'environ huit pieds quarrés, d'une saleté et d'une puanteur exécrables, et qui ne recevait de lumière, que par un petit soupirail grillé, donnant sur la cour, en sorte qu'il y régnait une obscurité totale, quoiqu'il fit encore assez clair dehors.

J'avoue que je ne pus me figurer d'abord, que c'était

1793.

là le séjour qu'on me destinait, et que je fus pétrifié, lorsque le **Président** du département me dit : " Citoyen,
" nous regrettons de ne pas pouvoir vous mettre dans
" un endroit meilleur que celui-ci ; mais votre sureté
" l'exige : tâchez donc d'y prendre patience, jusqu'à
" ce qu'on vous ait préparé un logement aussi sur, et
" moins vilain." " Cet endroit ci," répondis-je, " n'est
" certainement fait que pour des criminels, et j'espère
" pourtant que vous ne voulez pas me traiter comme
" eux."—" Non, mais encore une fois, nous ne pouvons
" pas vous placer mieux maintenant : songez que c'est
" pour votre sûreté. Nous vous ferons donner des
" matelas, des chaises, une table, tout ce dont vous
" aurez besoin, et vous serez *fort bien :* bon soir,
" citoyen." Et ils s'en allèrent. Je ne répondis rien à
ce compliment ; mais après être sorti de l'espèce de
stupeur, dans laquelle j'avais été plongé, je vis avec
plaisir, qu'on ne m'enfermait pas dans le trou noir,
et qu'on me laissait la facilité d'aller jusqu'à la grille,
qui était au bout du petit passage. J'en profitai aussitôt, en allant demander si je ne pourrais pas avoir de la
lumière. Un instant après je vis paraître un petit
homme, en bonnet rouge, une pipe à la bouche, un
trousseau de clefs à la ceinture, et ressemblant parfaitement à tous les geoliers de théâtre. Il avait une
lanterne à la main, et me dit, après avoir refermé sa
grille, et m'avoir toisé pendant quelque tems. " La
" loi ne vous passe pas de chandelles ; mais les prison-
" niers qui ont de l'argent, peuvent se procurer ce
" qu'ils veulent, d'ailleurs on m'a recommandé d'avoir
" soin de vous." Il ne s'exprimait pas en aussi bon
français que cela, car il ne parlait qu'un baragouin
provençal, que j'avais alors beaucoup de peine à comprendre ; j'ai eu depuis le tems de m'y faire. " Vous
" pouvez," lui dis-je," être tranquille quant au paye-
" ment : j'imagine que vous êtes le concierge d'ici.
" Mais, dites moi, comment appelle-t-on ce séjour ?"—

" Est-ce que vous ne savez pas que vous êtes au Palais ?
" Non, je l'ignorais ; mais n'est-ce pas ici qu'on met les
" criminels."—" Non, c'est plus bas, vous êtes au civil :
" Les criminels sont encore bien plus mal ; aussi me font-
" ils bien enrager ! oh, vous les entendrez demain : ils
" sont couchés maintenant ; mais, le jour, ils font un ta-
" page épouvantable." Quand il eût apporté de la lumière, je voulus rentrer dans mon trou, pour m'y reposer,
mais, il y avait une telle humidité et une telle puanteur,
que cela me fut impossible. Je m'en plaignis, et il
m'offrit d'y bruler un fagot, ce que j'acceptai avec
plaisir. " Quant à la saleté," dit-il, " demain, au jour,
" nous balayerons tout cela." Il alluma le fagot,
et s'en alla. Je m'assis auprès du feu, et je commen-
çais à me livrer à mes tristes réflexions, lorsque j'entendis
derrière moi, une voix lugubre, qui criait, " On veut me
" bruler ! on veut me bruler !" Je me retourne et je
vois un vieillard, à longue barbe grise, couvert de
haillons, qui remontait à grands pas un petit escalier
que l'obscurité m'avait empêché d'appercevoir dans le
fond de mon cachot. Je ne sus d'abord que penser de
cette apparition, mais j'imaginai ensuite que c'était
quelque malheureux dont la captivité avait aliéné
l'esprit : quoiqu'il en fût, son visage ne me plaisait
pas beaucoup. Quand mon geolier revint, je lui contai
ce qui venait de se passer, et je l'interrogeai à ce sujet.
Il se mit à rire, et s'écria : " Ah ! c'est ce vieux gueux
" de Maire de Salon : il est logé au dessùs de vous, et
" sera descendu probablement pour se chauffer. Il y
" a deux mois qu'il est ici ; mais il a beau faire le fou,
" il n'échappera pas à la guillotine." Effectivement,
le malheureux y passa, quelque tems après, sans qu'on
ait pu prouver qu'il n'était pas fou : mais de quel poids
pouvait-être une pareille circonstance aux yeux de ces
monstres, lorsqu'ils avaient désigné leurs victimes ?

Mon geolier qui était très bavard, et qui ne savait
pas bien qui j'étais, quoiqu'il en eût quelqu'idée,

1793.

1793.

voulut s'en assurer par les questions suivantes : " On
" dit que vous êtes un ci-devant seigneur, et bien riche
" même ; est-ce vrai ?"—" Vous savez sans doute aussi
" bien que moi ce qui en est."—" Non, ma foi, je ne
" me mêle que de garder les prisonniers, et d'en avoir
" soin : car je ne suis qu'en second ici :" (il n'était que
guichetier.) " Et jamais je ne demande, si un tel
" se nomme Pierre, où Jâcques. J'ai seulement oui
" dire que vous étiez riche et *Tron de Diou*(1) ! j'ai
" été fâché qu'on mît en prison un jeune homme
" comme vous, car vous avez l'air bien jeune et bien
" bon enfant." Je le remerciai de son compliment,
mais je ne satisfis point sa curiosité. Voyant que je
n'étais pas en humeur de goûter sa conversation, il s'en
alla ; mais je le vis revenir un moment après, suivi de
mon valet de chambre, dont la vue me causa une joie
extrême. Il se nommait Gamache, et il était à mon service depuis ma plus petite enfance, sans m'avoir jamais
quitté un instant. Il avait sollicité et obtenu la permission de me servir en prison, et même de faire mes
commissions en ville, moyennant qu'il serait escorté par
un garde, et fouillé en entrant et en sortant : il m'apportait un petit paquet de linge, quelques livres, et de
plus la nouvelle que ma malle entrerait le lendemain,
après qu'on l'aurait examinée. Son arrivée me fit un
plaisir d'autant plus grand, que je désespérais d'obtenir
cette consolation. Pour lui, l'aspect de mon logement
l'avait glacé au point de ne pouvoir proférer une seule
parole : il resta même quelque tems immobile, et ses
yeux, fixés sur les murs du cachot, se remplirent de
larmes. Enfin, il s'écria : " Eh, mon Dieu ! c'est donc
" ici ! eh qu'avons nous donc fait au Ciel, *Mon cher*
" *Seigneur Dieu !*" (c'était là une de ses expressions

---

(1) Ce qui signifie *Tonnerre de Dieu ;* grand jurement des provençaux,
dont ils se servent à tout moment. Quand ils parlent en patois, ils disent :
Tron de Diou ; mais quand c'est en français, ils le traduisent dans toute la
pureté de la langue.

favorites.) " Allons, mon pauvre Gamache," lui dis-je, ———
" ne nous désespérons pas : car cela n'est bon à rien,   1793.
" qu'à se rendre encore plus malheureux : tu dois avoir
" faim, demandes si on veut nous donner à souper." Il
fit ce que je lui disais, tout en m'assurant qu'il n'avait
pas le moindre appétit. Quelque tems après, on m'apporta à souper, et je mangeai un peu, pour me soutenir.
Quant à Gamache, après s'être fait bien prier, il consentit
à manger aussi, et à boire un verre de vin, ce qui lui fit
grand bien ; après quoi nous nous couchâmes, chacun
sur un matelas qu'on nous avait apporté. On vint
fermer notre porte, à deux ou trois verroux ; c'était la
première fois que j'entendais ce triste son de ferailles,
auquel j'ai eu le tems de m'accoutumer depuis, et
bientôt après, le sommeil vint éloigner les noires idées
qui me tourmentaient.

Le lendemain matin, en m'éveillant, je trouvai que
mon nouvel appartement ne gagnait pas à être vu de jour,
et la sensation que j'éprouvai alors, fut même plus
affreuse que je ne pourrais l'exprimer. La porte étant
fermée, le jour ne pénétrait que par un petit soupirail,
d'environ un pied quarré d'ouverture, qui était encore
obscurci par deux rangs de barreaux, avec un grillage ;
et pour que rien ne manquât à l'horreur de ce séjour, il
y régnait une odeur épouvantable. Peu de tems après
notre réveil, on vint, cependant, ouvrir notre porte,
ce qui nous procura un peu plus de jour, mais pas beaucoup ; car, comme je l'ai déja dit, ce petit passage
(dont on m'ôta, bientôt après la jouissance) ne donnait
que sur une cour très sombre. Cependant, le peu de
clarté qui vint alors, suffit pour nous faire découvrir la cause de la puanteur insupportable, dont nous ne
cessions de nous plaindre ; car nous apperçûmes que
notre horrible habitation était toute parsemée d'excré-
mens humains. Je priai le guichetier de s'acquitter de
la promesse qu'il m'avait faite la veille, de nettoyer cet

1793.

—————— infâme lieu, et je lui demandai, en même tems, quels étaient les malheureux qu'on y avait mis avant moi. Il me dit froidement que c'était deux servantes, dont l'une *voleuse* et l'autre *recéleuse*, qui venaient d'être condamnées, comme telles, à six ans de fers.

J'eus dans la journée, la visite de plusieurs officiers municipaux et administrateurs, qui m'annoncèrent, qu'en vertu d'un arrêté qu'ils venaient de prendre, deux d'entr'eux resteraient toujours auprès de moi, pour me garder, et se releveraient toutes les vingt quatre heures. Rien ne pouvait m'être plus odieux, qu'une pareille décision : car, outre le désagrément d'avoir toujours près de moi des visages nouveaux, je sentais combien je serais obligé de faire attention à ne laisser échapper aucune parole qui pût me compromettre ; bien sûr qu'on ne manquerait pas d'interpréter tout ce que je dirais, dans le sens le plus défavorable, et d'en faire, aussi-tôt après, le rapport à la municipalité et aux administrations. L'idée d'une pareille inquisition me consternait, et la seule chose qui m'en consolât un peu, était l'espérance que mon logement paraitrait fort désagréable à ces messieurs, et que leur intérêt personnel les engagerait à m'en faire donner un meilleur. Je ne me trompais pas ; car ils se plaignirent si amèrement de l'obligation de passer vingt quatre heures, dans un pareil endroit, que quatre jours après, on m'en fit sortir, à ma très grande satisfaction. J'en éprouvai d'autant plus de joie, qu'on m'avait retiré la jouissance du petit passage, et mis une sentinelle à ma porte, sous prétexte que plusieurs chambres de prisonniers donnaient sur ce passage, et que toute espèce de communication avec eux devait m'être interdite : aussi étais je alors dans la gêne la plus étroite. On m'en retira, comme je viens de le dire, le quatrième jour ; et ce fut pour me mettre dans une chambre qui au moins était propre et saine, mais dont la fenêtre était murée jusqu'aux trois quarts, et grillée dans le reste, ce qui la rendait fort sombre. Quant à la nourriture, elle était assez bonne, ainsi que la manière d'être couché ; car un lit de sangle, et un matelas, qu'on m'accorda, me contentèrent parfaitement. Mais ce qui me gênait le plus, c'était mes municipaux et administrateurs, qui ne me quittaient pas un moment, et m'accablaient des questions les plus sottes, et des propos les plus plats. La nuit même, ils venaient, au moins deux ou trois fois, me mettre une lanterne sous le nez, pour voir si je dormais. Je leur observai une fois, que cela ne pouvait être bon qu'à interrompre mon sommeil ; mais ils me répondirent qu'ils ne faisaient en cela, qu'exécuter les ordres qu'on leur donnait. Enfin, il fallait bien soumettre mon caractère peu patient, à tous ces petits tourments.

J'oubliais de faire mention d'une circonstance, qui n'était rien en elle même, et me causa cependant plus de peines et d'inquiétudes, que tout le reste. Le lendemain matin de mon entrée au *Palais*, Gamache profita de la permission qu'on lui avait accordée, pour aller en Ville, me faire quelques emplettes, et me faire apporter ma malle ; à son retour, je remarquai sur son visage, un air d'effroi et d'inquiétude qui me frappa. Je ne pus pas alors lui en demander la cause, parceque le guichetier était là ; mais aussitôt que nous fûmes seuls, je m'empressai de l'interroger. "Ah, mon Dieu!" s'écria-t-il, " qu'avez vous fait ? nous sommes perdus ! quelle im- " prudence !"—"Mais, Gamache, es-tu fou ? remets toi, " et tâches de me conter ce qui t'afflige tant." Au lieu de me répondre, il continua à soupirer et à se désoler, et me demanda ensuite, si je connaissais le *Marquis de Villeblanche*. Pour le coup, je le crus réellement fou. Je n'avais jamais connu M. de Villeblanche, et j'avais seulement oui dire qu'il était Emigré ; mais comment pouvait il avoir le moindre rapport avec ma situation présente et le désespoir de Gamache, c'est ce qu'il m'était impossible de concevoir. Enfin, lorsqu'il fut un peu remis, il me conta, qu'en fouillant ma malle un des Administrateurs avait trouvé dans la poche d'un

1793. de mes gilets, un petit papier, sur lequel était écrit: "M. Le Marquis de Villeblanche, Capitaine de la " compagnie noble &c. dans tel endroit." Il ne put se rappeller le nom de ce corps, ni celui du lieu où il était. " Après avoir lu ce papier tout haut," ajoûta-t-il, " l'administrateur le mit avec empressement dans sa " poche, en disant: Diable! ceci est intéressant; je " m'en vais en faire mon rapport à l'instant." La première pensée qui me vint dans l'esprit, fut qu'on avait glissé ce maudit papier dans ma poche, afin de donner de la vraisemblance à quelque calomnie, dont on voulait se servir pour me perdre. Cette pensée n'était pas rassurante: aussi, je passai la journée dans une inquiétude, que je voulais en vain surmonter ou dissimuler, et que l'horreur du séjour où j'étais, rendait encore plus pénible. Enfin, après avoir passé une partie de la nuit et de la journée suivante à me creuser l'esprit, je me rappellai, que pendant que j'étais à l'armée de Dumouriez, j'avais occuppé à *St. Tron*, la chambre où Mr. de Villeblanche avait logé quelques jours avant; que j'avais trouvé sur la cheminée une de ses cartes de visite, et que, l'ayant mise par distraction dans la poche d'un gilet que je portais alors, elle y était restée, parceque c'était un gilet d'hiver que je n'avais pas remis depuis. Cette découverte me fit plaisir, parce qu'elle me prouvait, au moins, que ce papier n'avait pas été fabriqué et glissé à dessein dans un de mes gilets; mais elle était loin de dissiper toutes mes craintes: car si, (comme j'avais lieu de le croire, par la manière dont on me traitait), on voulait me faire condamner à mort par un tribunal, on pouvait se servir de ce hazard, pour composer quelque calomnie, dont il me deviendrait d'autant plus difficile de me justifier, que l'histoire que j'avais à raconter, ne paraîtrait que vraisemblable, et que d'ailleurs, je n'avais aucune preuve à donner à l'appui, ni aucun témoin à citer. Je savais très bien que, devant un tribunal juste et raisonnable, je n'aurais rien à

craindre ; mais comme je savais très bien aussi, que ce
ne serait pas devant un tribunal de cette espèce qu'on me
traduirait, j'avoue que cette bagatelle me causa les plus
vives inquiétudes, et elles ne furent dissipées, que,
lorsqu'étant interrogé, un mois après, par le tribunal
criminel et révolutionnaire de Marseille, je vis, à
mon grand étonnement, qu'on ne me parlait point
de ce papier ; et cependant je suis porté à croire,
par la minutie de quelques unes des questions qui
me furent faites, que, si les juges en avaient eu
connaissance, ils n'auraient pas manqué d'en profiter
pour alonger et compliquer mon interrogatoire. Cette
circonstance me fait croire que ce papier sera tombé
dans les mains de quelque personne bien intentionnée
à mon égard, ou que, par un heureux hazard, il aura
été perdu.

1793.

Revenons maintenant à ma chambre mûrée et grillée.
Le lendemain du jour où l'on m'y transféra, j'eus pour
gardien un Municipal, dont la figure annonçait le
jacobinisme. Après avoir gardé quelque tems le silence,
en me regardant d'un air sombre, " Y a-t-il long tems,"
me dit-il, " que vous n'avez reçu de nouvelles de votre
" frère aîné ?"—" Oui, fort longtems : la poste est
" maintenant assez inexacte, et cela me cause une
" grande privation." — " Je vous conseille cepen-
" dant de vous y accoutumer."—" Pourquoi ? aurait-
" on résolu de m'ôter la consolation de recevoir
" des nouvelles de mes parens ?"—" Oh non ! ce n'est
" pas cela, mais . . . . . vous ne pouvez pas ignorer ce
" qui vient de se passer."—" Je l'ignore absolument, et
" je vous supplie de vous expliquer."—" Eh bien,
" puisque vous voulez le savoir, votre frère nous a
" trahi, il a passé à l'ennemi." En disant cela, il
tira de sa poche un journal, dans lequel je vis que
mon frère était sorti de France en même tems que le
Général Dumouriez. Je fus étourdi par cette nouvelle
que j'ignorais entièrement, malgré tous les soins que

1793.

mon frère avait pris pour m'en instruire. Dans le premier moment, je crus y voir la cause ou le prétexte de mon arrestation et de ma perte, quoique depuis j'aye reconnu mon erreur à cet égard. Le Municipal voyait ce qui se passait en moi, et semblait en éprouver le plaisir le plus vif.—" Vous triomphez," lui dis-je, " en " lui rendant son journal, et je veux bien completter " votre joie, en vous apprenant que vous avez mis le " comble au malheur de ma situation présente."—" Il " me paraît," répondit-il," que vous êtes violent : au " surplus, j'aime mieux cela que la dissimulation ; et " comme vous m'inspirez de la confiance, je vous dirai " franchement, que je ne suis nullement votre ennemi " personnel, mais que je ne puis m'empêcher de haïr, " en général, *les ci-devants* ; car ils ont toujours été, " et sont encore les auteurs de tous nos maux."—Je ne répondis rien à ce beau discours, et je continuai à me livrer en silence, aux réflexions les plus tristes. J'eus à essuyer une quantité de scènes de ce genre, de la part de ces Messieurs, dont quelques uns cependant, paraissaient meilleurs que les autres. Aussi était-ce pour moi une véritable satisfaction, lorsque le tour de ceux-là arrivait ; et Gamache ne manquait pas de me dire : " Oh ! nous serons tranquilles ces vingt-quatre " heures-ci : ce sont *des bons*, qui sont de garde."— On m'accorda la permission de m'abonner chez un libraire, et d'envoyer chercher les livres que je voudrais, en exigeant seulement qu'ils fussent soigneusement examinés en entrant et en sortant : cette permission me procura un grand adoucissement, quoique bien souvent, mon esprit fût trop préoccupé, pour que je pusse fixer mon attention sur des objets étrangers à mon infortune. Enfin, après avoir passé douze jours au *Palais*, tant dans le petit cachot, que dans la chambre murée, on m'annonça que la convention venait de décréter l'arrestation de tous les Bourbons restés en France, et leur translation dans les forts et châteaux de

Marseille; que, de plus, on les attendait à tout moment, et qu'à leur arrivée, on me réunirait à eux, pour nous mettre tous ensemble dans un fort, où, me dit-on, nous serions *fort bien*. On ajoûtait que ma mère avait obtenu, en considération de sa santé, la permission de rester dans une de ses terres. Ces nouvelles me causèrent un mélange de joie et de peine. L'idée d'être réuni à mon père et à mon frère Beaujolois, me faisait éprouver une vive satisfaction; mais cette satisfaction était bien altérée, quand je songeais à la circonstance et au lieu de notre réunion.

Pendant la nuit qui suivit le jour où on m'annonça ces nouvelles, je fus éveillé en sursaut vers une heure du matin, par un Officier Municipal, qui me dit assez brusquement de me lever et de m'habiller. Je demandai la cause de cet ordre extraordinaire : mais on me répondit simplement de me dépêcher de m'habiller, et que je le saurais bientôt. *J'obéis*, car c'était le seul parti à prendre. On donna des ordres pour que la garde se préparât à marcher; et lorsqu'elle fut prête, on me fit sortir au milieu d'elle, et entre deux officiers municipaux. Je me vis avec plaisir au grand air, quoique je n'en eusse encore été privé que douze jours; mais c'étaient les premiers, et ils m'avaient paru bien longs. Nous étions sur le port, et nous marchions assez vite, sans que je susse où on me menait. Enfin, je vis par la direction que nous prenions, que c'était au fort Notre Dame de la Garde, que l'on me conduisait; et lorsque nous y fûmes entrés, on voulut bien m'apprendre que mes parens allaient y arriver, et qu'on nous avait fait marcher la nuit, afin de ne pas nous exposer an danger d'un mouvement populaire. Quelques heures après, j'eus la consolation d'embrasser mon père et mon frère Beaujolois, qui entrèrent dans la chambre où j'étais, avec ma tante (1) et M. le Prince de Conty. Des Officiers de

1793.

Transféré au fort Notredame de la Garde où se trouvaient mon père, mon frère, ma tante et M. le Prince de Conty.

---

(1) Mme la Duchesse de Bourbon, sœur de mon Père.

Gendarmerie, des Commissaires, des Municipaux et des Administrateurs, qui entrèrent en même tems, nous empêchèrent alors de nous communiquer réciproquement, tout ce que nous étions si empressés d'apprendre. Ma tante et M. le Prince de Conty se plaignirent de la fatigue et du sommeil qui les accablaient, et demandèrent qu'on les menât dans leurs chambres. En raison du sexe et de l'âge, ils eurent le choix, et prirent les meilleures. Après cela, on en assigna une très petite à mon père, et on y plaça deux lits, l'un pour lui, l'autre pour Beaujolois, et la plus petite de toutes m'échut en partage. Lorsque tous ces arrangements furent faits, j'allai trouver mon père et Beaujolois dans leur chambre, et nous nous contâmes réciproquement tous les détails de notre arrestation. L'humeur égale et gaie de mon père, me parut toujours la même, malgré ce qu'il venait de souffrir ; et trouvant en tout un motif de consolation, " *Nous sommes au* " *moïns bien heureux*," me disait-il, " *qu'on ne nous ait* " *pas séparés.*" Hélas ! on ne nous laissa pas longtems jouir de cette consolation ; mais rien ne put ébranler la fermeté, ni même la tranquillité de celui qui éprouvait un revers de fortune aussi cruel. Quant à ma tante, voyant dans tout la main de Dieu, elle se résignait dévotement à son sort. Mais il n'en était pas de même de M. le Prince de Conty ; ses frayeurs de la moindre chose, ses plaintes continuelles sur les plus petits désagrémens, enfin, son costume de l'autre siècle, auraient provoqué le rire de la personne la plus disposée à respecter son rang, son âge et son malheur. Comme je ne l'avais jamais connu autrement que par des visites du jour de l'an, et les occasions assez rares, où je le rencontrais à Versailles, il ne pouvait exister entre nous, ni intimité, ni confiance. Aussi, débutai-je auprès de lui par quelques propos vagues sur le malheur de notre situation.—"Ma foi," dit-il, " elle n'est pas " agréable, en effet, notre situation. Monsieur votre

" frère a retiré son épingle du jeu, et il a très-bien
" fait !   Mais il nous laisse tous dans de vilains draps :
" car je suis bien aise de vous dire qu'on nous a déclarés
" *ôtages ;* et savez vous qu'il n'est pas gai d'être *ôtages ?*"

Au surplus, je me trouvais assez bien dans cette
nouvelle habitation ; ma chambre, quoiqu' extrêmement
petite, était très claire, et je regardais cela comme un
fort grand avantage, en sortant du sombre *Palais.* La
promenade du fort était courte ; mais on pouvait, au-
moins, y remuer les jambes, y prendre même assez
d'exercice, en jouant à la boule, et c'était beaucoup.
Outre cela, je lisais, je dessinais, j'écrivais : Enfin j'avais
la satisfaction de pouvoir passer la journée avec des êtres
que je chérissais, et auxquels je pouvais communiquer
toutes mes pensées : comment n'aurais je pas trouvé une
grande différence entre cette situation, et celle d'où je
venais de sortir ? Mais cette amélioration dans mon
sort fut presqu'un malheur pour moi ; car elle fut de si
courte durée, qu'elle ne servit qu'à m'en rendre la perte
plus sensible.

Ce fut environ trois ou quatre jours après notre arrivée
au Fort Notre-Dame, que, déjeunant tranquillement
avec mon père et Beaujolois, nous fûmes interrompus par
la visite des trois administrateurs, de l'Officier de Garde,
et de deux Garde-nationaux avec leurs fusils : La
chambre était si petite, qu'elle pouvait à peine les contenir.—"Citoyen," dit un des administrateurs, " nous
" sommes fâchés de vous interrompre ; mais nous
" venons de recevoir un ordre qu'il faut que nous exécu-
" tions. Les membres de la famille Bourbon, n'auront
" plus dorénavant la liberté de communiquer ensemble.
" En conséquence il faut que l'aîné de vos deux fils se
" retire sur le champ dans sa chambre, et s'abstienne,
" désormais, de venir dans la vôtre. Quant au plus jeune,
" on lui permet de rester avec vous ; mais il lui sera
" également défendu d'aller dans la chambre de son

1793.

______ " frère."—Cette déclaration nous pétrifia, et me mit la
1793. mort dans le cœur.—" Mais, au moins," leur dit mon
père, " ne pourriez vous m'apprendre d'où vient cet
" ordre rigoureux, qui nous prive de la seule consolation
" qu'on nous eût laissée ?"—" Je crois," répondit l'autre,
" que c'est en vertu d'un décrèt de la Convention ; mais
" je vous le répète, il faut s'y conformer à l'instant.
" Allons, Citoyen," ajoûta-t-il, en s'adressant à moi,
" Obéissez à la Loi !"—" Votre Loi," m'écriai-je, " est
" barbare et tyrannique : il serait bien moins cruel de
" nous faire fusiller, ou guillotiner sur lechamp, que
" de nous faire ainsi mourir à petit feu !" Modères-toi,
me dit mon père, " nous obtiendrons peut être la révo-
" cation de cet ordre ; mais tâches, en attendant, de t'y
" soumettre tranquillement, et crois que ton chagrin est
" bien vivement partagé par ton frère et par moi." Je
leur pris la main à tous deux, et m'en allai, sans rien
dire, le visage baigné de larmes que je ne pouvais contenir. On mit une sentinelle à ma porte, et une autre à
celle de mon père ; mais par une inconséquence bizarre,
on permit à Gamache (1) d'entrer dans nos deux chambres pour nous servir, sans songer que, par ce moyen,
nous pouvions communiquer ensemble tant que nous
voudrions. A l'heure du diner, on vint me dire que
j'avais la permission de manger avec mon père ; mais
que ce serait devant témoins, et qu'il y aurait toujours
un Officier présent à tous nos repas. Malgré la restriction, cette nouvelle me fit un plaisir extrême, et il fut
encore augmenté par celui que je remarquai dans les
yeux de mon père et de Beaujolois, lorsqu'ils me virent
arriver. A voir notre joie réciproque, on aurait cru que
nous avions été séparés pendant des années entières ;
mais si nous ne l'avions pas été de fait, notre imagination
nous en avait donné toute la peur. Enfin, nous dinâmes

---

(1) On n'avait pas permis à mon père d'emmener de Paris, un seul
domestique.

de bon appétit, et nous nous séparâmes ensuite avec la consolation de penser que nous nous retrouverions encore ensemble le soir à souper.

Nous nous rencontrions souvent dans le fort; mais nous ne pouvions pas nous parler, ni même rester près l'un de l'autre, et, souvent, les Administrateurs, ou les Municipaux, nous ordonnaient de rentrer dans nos chambres, et de ne nous promener que les uns après les autres. On ne peut pas se faire d'idée du plaisir avec lequel ces Messieurs exerçaient leur autorité; aussi n'y avait-il presque pas de jour, où il ne nous fissent essuyer quelque vexation nouvelle. Tantôt, ils nous empêchaient, de manger ensemble, malgré la permission accordée; tantôt ils faisaient assister à nos repas, deux ou trois Garde-nationaux, avec leurs fusils; mais leur plus grand plaisir était de nous faire rentrer dans nos chambres, à tout moment, et sans autre motif que leur caprice. Ils étaient toujours relevés toutes les vingt-quatre heures, ainsi que la Garde du fort qui était ordinairement composée d'une compagnie de Garde Nationale. C'était vers six heures du soir, que ces Messieurs arrivaient, et lorsque ceux que nous avions étaient traitables, nous craignions toujours de perdre au change. Leur premier soin en arrivant, était de se faire présenter par leurs prédécesseurs, tous les malheureux Bourbons, les uns après les autres; et souvent, après les avoir bien considérés, ils ne les honoraient que d'un petit coup de tête, ou, tout au plus, d'un " Bon soir, Citoyen!"

Le 4 ou le 6 de Mai, environ douze jouze après notre translation au fort, nous vîmes arriver dans la matinée, une garde nombreuse précédée de plusieurs Municipaux et Administrateurs en écharpe. Nous sûmes, bientôt après, que c'était pour nous mener au Tribunal, où nous devions être interrogés. On nous signifia qu'on ne venait chercher que ma tante et M. le Prince de Conty; que mon père serait interrogé le lendemain ainsi que Beanjolois, et que je le serais le sur-len-

1793.
Mai.

Premier interrogatoire devant le Tribunal.

1793.

demain. Au bout de trois ou quatre heures, on les ramena ; ma tante paraissait assez gaie, et M. Le Prince de Conty, d'un peu plus mauvaise humeur qu'à son ordinaire. Le lendemain mon père subit un interrogatoire assez long, et Beaujolois, qui n'avait alors que treize ans et demi, occupa aussi quelque tems la sellette (1).

Enfin, mon tour vint : c'était dans une église que siégeait le Tribunal. Ses membres étaient vêtus de noir, ayant sur la tête un chapeau à la Henry IV. orné de de plumes noires, et autour du cou, un ruban tricolore en sautoir : ils étaient assis autour d'une table, et affectaient une extrême gravité. Ils me tinrent environ une heure un quart sur la sellette. A chaque question, l'accusateur public nommé Giraud (qui depuis, fit verser tant de sang à Marseille) se levait, et disait à haute voix d'un ton pédant et empesé : "Je requiers le " le Président du Tribunal Criminel de demander " au détenu, &c."—et il cherchait toujours à m'embrouiller et à me mettre en contradiction avec moimême. Je n'étais nullement intimidé, mais impatienté à l'excès. " Vous deviez me dit-il entr'autres choses," connaitre les intentions liberticides de votre " frère, puisque vous étiez toujours avec lui; et ne " saviez vous pas que c'était vous en rendre com- " plice, que de ne pas les dénoncer ?"—Je répondis que je n'avais jamais eu connaissance de son projet de quitter la France, et que je pouvais assurer que la nouvelle m'en avait causé le plus grand étonnement.— " Vous ne vous séparâtes donc de votre frère, que " pour venir, de concert avec lui, trahir la République " dans le Midi, pendant qu'il la trahissait au Nord ?"— " Cette demande me parait telle, qu'il m'est impossible d'y faire aucune réponse. Vous me per- " mettrez donc, citoyen, de me borner à vous observer

(1) Le Siège de celui qu'on interroge.

" que, dans le cas où j'aurais trahi, ou voulu trahir la
" République, je ne serais certainement pas main-
" tenant devant votre Tribunal."—Je m'attendais toujours à la production du petit papier de M. de
Villeblanche ; mais, comme je l'ai déjà dit plus haut,
il n'en fut fait aucune mention ; et après avoir ré-
pondu à toutes les sottes questions, qu'il plut à ces
Messieurs de me faire, et signé le procès verbal de mon
interrogatoire, je fus reconduit au fort Notre-Dame,
comme j'en avais été amené.

Quelques jours après, nous fûmes témoins d'une
scène, qui n'était point de nature à nous égayer.
Un des administrateurs de garde, inquiet d'une dénonciation qu'on venait de faire contre lui, ou, peut-être,
fatigué des peines de la vie, conçut le projet d'y mettre un
terme, et choisit pour son exécution, le fort où nous étions
détenus ; le coup de pistolet qui termina sa vie, et qui fut
tire très près de nous, fut immédiatement suivi des cris :
" A la garde ! à la garde ! on vient d'assassiner un
" administrateur !"—Nous fûmes aussitôt renfermés très
brusquement (1). Enfin, au bout d'une demie-heure,
on vint nous annoncer que nous pouvions nous promener
dans le fort comme auparavant, et que *le défunt administrateur s'était assassiné lui-même.*

Vers le 22 ou 23 Mai, nous vîmes arriver une garde
beaucoup plus nombreuse qu'à l'ordinaire, et des Municipaux. Nous fûmes d'abord (selon la coutume qu'on
observait toujours, en pareille occasion) renfermés sur
le champ, dans nos chambres : et ce ne fut qu'environ
une heure après que j'appris qu'on venait de mener mon
père dans la tour du fort St. Jean. Beaujolois, qui (comme
je l'ai déja dit) n'avait pas été séparé de lui jusqu'alors,

---

(1) On conçoit la sensation qu'on éprouve, en se voyant enfermer au
premier bruit d'un assassinat ! C'est là un des mille et un accessoires
du tourment principal.

fit les plus grandes instances pour qu'on lui permît de l'accompagner encore; mais on s'obstina à le lui refuser. Seulement, on nous déclara, que nous pourrions rester ensemble pendant l'absence de notre père. Je trouvai Beaujolois, tout en larmes; il me dit qu'il craignait qu'on n'eût de bien mauvaises intentions contre mon père; car on l'avait emmené avec une dureté extrême, et placé au milieu d'une garde très nombreuse; que cependant il avait l'air presqu'aussi tranquille qu'à son ordinaire, et l'avait chargé de m'embrasser de sa part. Ce récit me déchira le cœur. Je partageai sincèrement les inquiétudes de Beaujolois; mais, comme le plus âgé, et parconséquent, devant être le plus raisonnable, je tâchai de le consoler. Nous restâmes huit jours ensemble, et ce fut pour nous un grand adoucissement; surtout pour moi, qui venais de passer un mois et demi, tout seul.

Au bout de ces huit jours, on vint nous annoncer que les Bourbons (c'est-à-dire, ma tante, M. le Prince de Conty, Beaujolois, et moi) allaient être transférés au fort St. Jean. En effet, vers cinq heures après midi, nous vîmes arriver au pied du Mont Notre—Dame, un bataillon d'environ cinq cens hommes, dont l'unique destination était d'escorter, une femme, un vieillard, un jeune homme de dix-sept ans et un enfant de treize. On nous assura que c'était pour notre sûreté! On nous plaça au milieu du bataillon, chacun de nous flanqué à droite et à gauche de deux Administrateurs ou Municipaux, qui nous tenaient les bras, et ne voulaient jamais nous lâcher un seul moment. Cette marche fut longue et pénible, tant à cause de la chaleur qui était très-forte, que de la foule énorme qui nous arrêtait à chaque pas, malgré notre nombreuse escorte, en nous saluant, de tems en tems, d'épithètes insultantes. Enfin, nous arrivâmes, au bout de deux heures, au fort St. Jean. Celui qui nous aurait dit en passant le Pont-levis, que nous ne le passerions plus que *trois ans et demi après*, nous

aurait donné une nouvelle plus affreuse que la certitude de notre arrêt de mort; et cependant il n'aurait
dit que la vérité! On aurait pu rendre la prédiction
encore plus terrible, en ajoutant que, quoique je fûsse
destiné à repasser ce pont avant l'expiration des trois
ans et demi, ce ne serait que pour y rentrer l'instant
d'après, et pour y éprouver un redoublement de rigueur
et de peine. Quoique je ne sois nullement partisan
de l'optimisme, je maintiens que cette impossibilité de
lire dans l'avenir, jointe à la trompeuse espérance qui
ne cesse presque jamais de nous flatter, sont deux bien-
faits du ciel, sans lesquels les hommes ne seraient pas
en état de supporter le fardeau de la vie.

Nous entrâmes donc au fort St. Jean. Après avoir
traversé une petite cour sombre, nous tombâmes dans
l'obscurité la plus parfaite, en passant sous une longue
voûte, qui menait à la partie du fort, où se trouvaient les
logemens destinés à ma tante et à M. le Prince de
Conty. Ces logemens me parurent assez bons quoiqu'ils
fussent petits, et l'idée qu'on allait nous en donner de
semblables, me causa un moment de joie; mais cette
joie fut de courte durée, comme on va le voir. A
peine ma tante et M. le Prince de Conty, fûrent-ils
entrés dans leurs logemens, qu'on cria: " Mainte-
" nant, Citoyens, il faut conduire les deux jeunes
" Orléans à la Tour!"—Aussi-tôt fait, que dit. Nous
voilà au pied de l'infernale tour, dans laquelle nous
restâmes *onze mois consécutifs!* On ouvrit une grille,
et nous montâmes un petit escalier tournant, étroit,
noir et infecte : il n'y pouvait tenir qu'une personne
dans la largeur, et les Municipaux et Garde-nationaux
s'y précipitèrent avec un tel empressement, que nous
étions au moment d'étouffer. Lorsque nous eûmes
monté une douzaine de marches, un de ceux qui
étaient devant moi, me poussa violemment en arrière,
en criant. " C'est en bas qu'il faut mettre l'aîné!"
" Non," cria-t-on d'en bas, " c'est en haut avec son

père!—" Eh non," vous dis-je, " c'est le petit qu'on
" met avec son père : l'aîné doit être enfermé en
" bas."—Pendant cette discussion je jouais exactement
le rôle d'une balle entre deux raquettes. Je pris
cependant la liberté de leur observer que, pour
peu qu'on fît durer la discussion, on pourrait me
mettre au plus bas possible, car j'étouffais. Heureusement ils étouffaient aussi ! Ils se déterminèrent
donc : ceux d'en haut l'emportèrent, et, en conséquence,
on me fit redescendre quelques marches, puis, après
avoir ouvert deux énormes portes à triples verroux,
on me fit entrer dans mon cachot. L'obscurité, la
puanteur, et l'horreur de ce séjour, me forçèrent à
m'écrier, comme Gamache au *Palais*, " Quoi !
" c'est ici !"—Au surplus, cette exclamation était si
naturelle, si involontaire, que non seulement Gamache
et moi, mais encore mon malheureux père, Beaujolois,
et, depuis, M. le Prince de Conty, exprimèrent tous de
la même manière et dans les mêmes termes, le mélange
d'étonnement et d'effroi dont ils fûrent saisis à l'aspect
de cet affreux séjour. A cette première sensation,
succéda en moi, une sorte d'abattement, ou d'étourdissement stupide, qui, sans être un évanouissement
complet, m'ôta pendant quelques minutes, la faculté de
penser, et de m'appercevoir de ce qui se passait autour
de moi. Je fus tiré de cette espèce de léthargie, par le
bruit des verroux qu'on fermait : aussi-tôt, je m'écriai :
" Citoyens, ouvrez moi, de grâce, un moment : j'aurais
" quelque chose à vous dire !"—On eut la bonté d'entrou-
vrir la porte, et un des Administrateurs me demanda
ce que je voulais.—" Que vous me disiez, par quels
" ordres, et pour quel crime, vous me mettez dans un
" horrible cachot, comme celui-ci."—" C'est par ordre
" de la Convention."—" Et combien de tems dois-je y
" rester ?"—" C'est ce que nous ignorons ; bon soir, Ci-
" toyen."—Et pour éviter d'autres questions, il s'empressa de refermer tous les verroux. Je restai donc seul,

entre quatre murs noirs comme la cheminée la plus
enfumée, et surmontés d'une sombre voûte; ne recevant
dans cette espèce de tombeau, que la clarté qui pouvait
pénétrer à travers deux soupiraux, dont la plus grande
ouverture était de deux pieds quarrés sur trois d'épaisseur
et qui étaient obstrués par trois rangs de barreaux et une
grille. Il était sept heures du soir, et l'obscurité de
ma nouvelle demeure paraissait complette; cependant
comme il faisait encore jour au dehors, les terribles barreaux se détachaient sur le clair, d'une manière vraiment
cruelle.

Je m'assis *par terre*, car on ne m'avait encore donné ni
chaises, ni table, ni lit; (tous ces objets ne me furent
apportés qu'ensuite,) et la cruauté du traitement qu'on
me faisait essuyer, m'inspira une colère, qui m'empêcha
de me laisser accabler par l'horreur de ma position. Je
restai environ une heure et demie, sans bouger de ma
place, le dos appuyé contre la muraille, quoiqu'elle fût
fort humide. Au bout de ce tems, j'entendis avec quelque plaisir, les grosses clefs qu'on introduisait dans les
serrures, et les verroux qu'on ouvrait. Je me levai
aussitôt, mais j'eus quelque tems à attendre, avant de
savoir ce que c'était, car il fallait six ou sept minutes
pour ouvrir mes terribles portes. Enfin, je vis paraître,
à la clarté d'une lanterne, mon fidèle Gamache suivi
de ma malle, de deux lits de sangle et de quelques
chaises. Cette vue me causa une grande joie. Il fallut
d'abord laisser un libre cours à tous les, " Mon Dieu!
" mon bon seigneur Dieu!" et autres exclamations dont
l'honnête Gamache, était toujours prodigue en ces
sortes d'occasions. Il se remit, cependant, peu-à-peu;
et passant de la douleur à l'indignation : "Il faut con-
" venir," dit-il, "que ce sont *de vilains Moigneaux*,"
(autre expression favorite), " que les gens qui vous met-
" tent ici, sans que vous leur ayez jamais rien fait!"
Je convins de la justesse de la réflexion, et je l'assurai
qu'elle m'avait déja frappé, mais que malheureusement

———— *ces vilains Moigneaux* étant les plus forts, ils devaient

 avoir raison.—"Ah! patience! patience! ils ne l'auront
" pas toujours; ils tâteront aussi du cachot, (1) et,
" Dieu merci! personne ne les plaindra."—"Je le crois
" comme toi, mon pauvre Gamache. Mais, dis-moi,
" pourquoi es tu venu si tard? Et comment as tu obtenu
" la permission d'entrer ici?"—"Je suis venu tard, parce-
" qu'il a fallu qu'on fouillât votre malle, et tout ce qu'elle
" contenait, et ensuite, qu'on décidât, s'il me serait per-
" mis d'être encore auprès de vous. On me l'a permis,
" mais je crois qu'ils ne me laisseront plus sortir, c'est-à-
" dire, que, si je sors, il ne me sera plus permis de
" rentrer."—Je l'assurai que j'aimais mieux être seul,
que de le voir s'ensévelir ainsi pour moi, dans cet horrible lieu; mais il déclara qu'il était décidé à ne me
quitter qu'à la mort, et qu'il pensait que c'était seulement
en pareil cas, qu'on pouvait reconnaître les bons serviteurs. C'était en effet, un excellent serviteur que le
bon Gamache! Il me quitta quelques mois après; mais
ce fut pour accompagner mon malheureux père, lorsqu'on le conduisit à Paris; car, comme je l'ai déja
dit, on ne lui avait pas permis d'avoir un seul de ses
domestiques, et je m'empressai de lui donner Gamache.
Depuis lors, je m'opposai moi-même formellement, à ce
qu'il quittât sa femme et ses enfans pour venir me
rejoindre en prison.

Mais revenons maintenant à l'affreuse et sombre
Tour. Le soir, on nous apporta à souper; mais
nous n'avions pas encore de table, et nous fûmes
obligés de manger sur nos genoux. L'appétit, comme
on peut croire, n'était pas bien brillant en pareille
circonstance. Le lendemain, le peu de jour que nous
recevions par nos soupiraux à travers trois rangs de

---

(1) La prophétie du pauvre Gamache s'est vérifiée depuis; car la
plupart des Jacobins de Marseille, ont passé par les cachots de la tour;
et j'avoue que je ne pouvais guères les plaindre.

grilles, fut cependant suffisant pour nous laisser voir toute l'horreur de notre nouvelle demeure. Indépendamment de la couleur des murailles et de la voûte, qui, comme je l'ai déja dit, était absolument noire, on distinguait çà et là dans le mur, d'énormes anneaux de fer destinés à enchaîner les criminels dont on redoutait la fureur, ou contre lesquels on voulait user de la plus grande rigueur. Cette vue était triste sans doute, mais bien analogue à tout le reste ; car l'obscurité extrême, qui régnait perpétuellement en ce lieu, le peu d'air qui pouvait y circuler étant infecté par des latrines dont on n'était séparé que par une petite porte très mince, tout enfin contribuait à accabler l'esprit et le corps de la manière la plus cruelle. C'était toujours des Administrateurs ou des Municipaux qui venaient ouvrir la porte, à chaque fois qu'on m'apportait à manger : lorsqu'ils entrèrent le matin, en accompagnant mon déjeuner, je les pris à témoin de l'horreur du lieu où ils me tenaient, et de la barbarie d'un pareil traitement.— " Nous n'y pouvons rien," me dirent ils, " mais faites " une pétition aux corps administratifs."—J'en fis une, j'en fis dix ; mais ce fut en pure perte, et je m'en doutais d'avance. On continua, au reste, à me permettre d'avoir des livres, qui étaient pour moi, une ressource bien précieuse : on me donna une table, et on me dit de plus, que, quand j'aurais besoin de quelque chose, je n'aurais qu'à frapper fortement à la porte, et que la sentinelle, qui était au bas de l'escalier, ferait aussitôt avertir l'Officier de Garde et les Administrateurs. Je ne profitai que le plus rarement possible de cette faveur : car j'éprouvai que, lorsque la sentinelle, l'Officier, ou l'Administrateur étaient de mauvaise humeur, ce qui arrivait presque toujours, il fallait essuyer un dur et pénible refus.

Nous étions alors au milieu de l'été, et les chaleurs de Provence étaient difficiles à supporter dans un cachot, où l'air ne pouvait jamais se renouveller. Nous passions la journée en chemise, malgré la grande humidité de notre triste demeure. Ce fut en vain que nous essayâmes d'y brûler des sarmens pour la rendre plus saine: la fumée nous suffoquait tellement, qu'il fallut y renoncer. Pour remédier à l'infection des latrines, Gamache brûlait du sucre, et je me faisais apporter des fleurs que je conservais dans l'eau, et que j'avais continuellement sous le nez. Souvent accablés par la chaleur, et le besoin de respirer un peu d'air pur, nous nous élancions, chacun de notre côté, à notre soupirail, et, le visage collé aux barreaux, nous humions de toutes nos forces, la très petite quantité d'air qui pouvait nous parvenir. Je lisais toute la journée, et Gamache aussi ; mais il commençait ordinairement par le second volume, et m'assurait que cela lui était égal. Il me faisait souvent part de sa lecture, et m'amusait par les *quiproquos,* qu'il faisait à tout moment. Le soir, aussitôt qu'on apportait la lumière, nous nous mettions à jouer au piquet jusqu'au souper, c'est-à-dire, pendant deux ou trois heures ; après quoi, nous nous couchions, et nous restions au lit aussi longtems que nous pouvions le supporter.

Le premier jour, on m'accorda la permission d'aller voir mon père, dont la prison était au dessus de la mienne ; je ne l'avais pas vu depuis qu'on l'avait transféré du Fort Notre-Dame au Fort St Jean. Je le trouvai changé: on l'avait laissé manquer des choses les plus nécessaires ; et d'ailleurs la privation d'air et de mouvement, était pernicieuse pour lui qui était habitué à faire beaucoup d'exercice, et à être toujours dehors. Beaujolois était avec lui depuis la veille au soir : leur cachot, était moins sombre que le mien, et cependant affreux. Nous dînâmes ensemble ce jour là, et malgré les témoins, ce fut pour nous une grande consolation: Aussi s'empressa-t-on de nous la retrancher, dès le lendemain, et, à dater de ce jour, je passai trois mois sans voir mon père, quoique, pendant tout ce tems, je fusse enfermé immédiatement au dessous de lui. Je ne restai pas tout-à-fait

aussi longtems sans voir Beaujolois, comme je le dirai
dans la suite. 1793.

Les Administrateurs se relevaient tous les soirs, et, tous les soirs aussi, ils venaient nous montrer à leurs successeurs, qui, souvent, ne nous faisaient pas l'honneur de nous dire un seul mot, et s'en allaient après nous avoir bien examinés.

Pour moi, occupé à ma partie de piquet avec le fidèle Gamache, je n'avais l'air de faire attention à eux que lorsqu'ils m'adressaient la parole : car je reconnus bientôt l'impossibilité d'obtenir d'eux aucune amélioration à mon sort, et je me déterminai à ne l'attendre que de quelqu'évènement aussi heureux qu'imprévu ; mais, comme je l'ai déja dit, indépendamment du tourment principal, il fallait à tout moment, essuyer quelque nouvelle vexation qui rendait ma situation cent fois plus affreuse. Un soir entr'autres, au moment où on m'apportait à souper, un grand nombre de Garde-nationaux entrèrent en même tems, et se postèrent tout près de moi, en me regardant avec cette curiosité insultante qu'il est si difficile de supporter patiemment. Comme j'attendais qu'ils s'en allassent, pour commencer à manger, ils me déclarèrent qu'ils ne s'en iraient que lorsque mon souper serait fini ; qu'ainsi, si je n'avais pas faim, je n'avais qu'à le dire. Je leur observai que, jusqu'alors on m'avait permis de manger seul, et au moment où cela me convenait mais que, si on voulait me retirer cette permission, je devais me soumettre à cette nouvelle gène, et que, bien certainement, leur présence ne me ferait pas perdre une seule bouchée de mon repas. Effectivement, je me mis à souper, et j'affectai de manger de bon appétit. Mon sang froid les contraria, et pour parvenir à m'impatienter, un d'eux me dit: " N'étais tu pas avec le traître Dumouriez ?"—" Comme " vous n'avez aucun droit de m'interroger, vous trouverez " bon que je ne vous fasse aucune réponse."—" Oh, " vas !" s'écria-t-il avec fureur, "je sais bien qui tu es, je

1793.

————— " sais que tu es un traître ! mais, *Tonnere de Dieu !*
" nous te tenons, et . . . . ." Quelques uns des ses camarades ne lui laissèrent pas le tems d'achever ce discours,
et l'emmenèrent en le blâmant de son emportement.
Telles étaient les scènes, qui, plus ou moins fortes, se
renouvellaient à chaque instant.

Cependant, une quinzaine de jours après mon entrée
dans la Tour, j'appris une nouvelle, qui me donna beaucoup d'espoir ; mais cet espoir ne fut, malheureusement
pas de longue durée. Un Officier de Garde Nationale,
bavard, mais bien intentionné, ayant été chargé par les
Administrateurs, du soin d'escorter mon déjeûner et
d'ouvrir *ma porte,* (car on n'en fermait plus *qu'une*
qui avait trois énormes verroux, et certes, c'était
assez !) après m'avoir fait une mine très gracieuse,
trouva le moyen de rester seul un moment avec moi et
Gamache, et de me dire à la hâte : " Soyez tranquille,
" vos maux ne dureront pas long-tems, car nous
" n'obéissons plus aux décrèts de la convention."—Cette
nouvelle me causa autant d'étonnement que de joie : je
voulus lui demander quelqu'explication sur une chose si
incompréhensible pour moi, car je n'avais aucune idée
des évènemens du 31 Mai, ni, par conséquent, du parti
que venaient de prendre les Villes de Marseille, Toulon,
Lyon, Nismes, et Bordeaux ; mais il s'en alla bien vite,
en me faisant signe qu'il lui était impossible de m'en dire
davantage.—" Mais, si vous n'obéissez plus aux décrèts
" de la convention," disais je en moi-même, " pourquoi
" donc nous retenez vous ici ? Pourquoi faites vous encore
" plus contre nous, que ce qu'elle a ordonné dans son
" décrèt à notre sujet, puis qu'elle n'y parle que d'un
" fort, et que vous nous retenez au cachot ?"—Je résolus
de leur faire cette simple question ; mais j'attendis,
pour cela, que l'Officier fût relevé, afin qu'on ne lui
reprochât pas sa confidence. J'attendis aussi le tour de
quelqu' Administrateur, qui eût un peu meilleure mine
que les autres, c'est-à-dire, qui eût l'air mieux intentionné

(et la nécessité me rendait assez bon physionomiste); ——
enfin, au bout de quelques jours, je crus pouvoir hazar-
der ma demande, en commençant, cependant, par tâter
le terrein.—" Citoyen," lui dis-je, " vous conviendrez
" que ce lieu ci, n'est guères fait pour un individu qu'on
" ne peut accuser de rien : permettez-moi de vous de-
" mander, si la convention a rendu quelque nouveau
" décrèt à notre égard ?"—" Non, Citoyen; d'ailleurs nous
" ne reconnaissons plus son autorité."—" Mais pourquoi
" donc nous retenez vous en prison?"--"Vous y êtes par un
" décret du 8 Avril, et ce n'est qu'aux décrèts postérieurs
" au 31 May, que nous avons résolu de ne plus obeir."—
" Mais ce décrèt du 8 Avril, porte seulement que nous
" serons détenus dans *les Châteaux de Marseille* ; il
" n'y est nullement question de cachot."—".Pardonnez-
" moi ; quelques jours après le 8 Avril, la Convention
" rendit un autre décret qui ordonnait que vous fussiez
" mis au secrèt, chacun séparément, et sans qu'on vous
" laissât la moindre communication avec qui que ce
" fût."—" Mais, au moins, convenez que ce décrèt
" pourrait être exécuté d'une manière plus humaine."
" Je conviens que votre situation est cruelle, mais
" malheureusement je n'y puis, rien. Faites une pétition
" aux corps Administratifs."—" Ah, plus de pétitions !
" j'en ai fait mille, et une seule aurait suffit, si on avait
" eu l'intention me rendre justice."—" Faites en encore
" une, ne vous en lassez pas ; vous n'avez rien de mieux
" à faire dans ce triste séjour, et ce n'est qu'à force de
" demander qu'on obtient. Les corps Administratifs
" sont maintenant renouvellés, et mieux composés
" qu'auparavant : j'appuierai votre demande de tout
" mon pouvoir ; mais je vous préviens que ce pouvoir
" est bien peu de chose : car la voix des honnêtes gens
" est toujours étouffée par celle des intriguans. Il faut
" que je vous laisse maintenant, et je suis bien sûr qu'on
" me fera des reproches d'avoir causé si longtems avec
" vous. Au surplus, je n'ai fait que mon devoir, et je

 " ne crains ni leurs reproches, ni leurs dénonciations.
" Adieu, Citoyen, ne vous livrez pas au désespoir, et
" comptez sur mon sincère desir de vous être utile."—
J'y comptai, ainsi que sur la nullité de ses efforts, et je
ne me trompai point. Mais au moins, de semblables
propos mettaient un peu de baume dans le sang : aussi
avions nous rarement cette jouïssance.—" Ah ! le brave
" homme," disait Gamache; " le bon saint homme !
" Si tous étaient comme lui, vous ne resteriez pas long-
" tems ici, c'est bien sûr ! Je voudrais bien au moins,
" qu'il fût toujours de garde, au lieu de ces *vilains Moig-
" neaux*, dont on ne peut pas tirer une parole, et qui
" ne vous regardent qu'en fronçant le sourcil."—
C'était, comme disait Gamache, *un bon saint
homme* ; mais, de même que tant d'autres gens bien
intentionnés, se mourant toujours de peur d'être dé-
noncé : et souvent cette peur fait commettre autant
de cruautés que la scélératesse ! D'ailleurs quoiqu'à la
vérité, les Sections de Marseille se fussent prononcées
contre la Convention, elles étaient menées par ce qu'on
appellait alors, *le parti Brissotin* et il y avait parmi
les chefs de ce parti, des hommes qui ne valaient guères
mieux que les Jacobins, et qui auraient probablement
déployé la même scélératesse, s'ils avaient été aussi
puissans: telle est, au moins, mon opinion ; mais, ce
qu'il y a de bien certain, c'est qu'ils nous tinrent au
cachot, comme l'avaient fait les Jacobins, et nous traitèrent, en tout point, avec la même cruauté et la même
injustice.

Ce que j'avais prévu à l'égard de l'inutilité d'une
nouvelle pétition, ne se vérifia que trop. On ne daigna
pas s'en occuper le moins du monde, et même, mon sort
au lieu de s'adoucir, ne fit qu'empirer. Ce fut à-peu-
près vers ce tems, que nous éprouvâmes un surcroît de
rigueur qui, indépendamment de la gêne extrême qu'il
nous occasionna, était très propre à augmenter les
tourmens de l'esprit. Nous vîmes paraître un jour, à

une autre heure que celle à laquelle on nous apportait
ordinairement nos repas, deux Administrateurs en
écharpes, dont la mine n'annonçait rien de bon : Ils
déclarèrent d'un ton sinistre, qu'ils étaient chargés
d'une mission assez désagréable, mais que leur devoir
les obligeait de remplir. Ce début n'était point du
tout rassurant d'autant plus que je connaissais l'un d'eux
pour un Jacobin forcené.—"Il faut," ajoutèrent-ils, "que
" nous vous ôtions tous les couteaux, rasoirs, ciseaux,
" canifs, et pointes de quelqu'espèce que ce soit, dont
" vous pourriez être munis."—" Mais, Citoyens," leur
dis-je, " de pareilles précautions ne se prennent jamais
" qu'envers des gens dont on fait le procès, et encore
" quand on peut craindre de leur part des tentatives sur
" leur existence : suis-je donc dans ce cas ?"—" Si
" l'on faisait votre procès, vous en seriez instruit, et
" quant au reste, nous ne pouvons rien vous dire, nous
" ne connaissons que nos ordres."—" Exécutez les
" donc, je n'ai pas la folle prétention de m'y opposer
" le moins du monde. Mais, dites-moi, comment
" pourai-je me raser, couper ma viande, &c. &c."—
" Tout ce que nous allons prendre maintenant, sera
" déposé dans une cassette, dont vous aurez la clef, et
" que les Administrateurs de garde auront entre leurs
" mains : ils vous la remettront, quand vous en aurez
" besoin ; mais vous ne pourrez en faire usage, que
" devant témoins."—Je dis à Gamache, qui, était déja
devenu d'une pâleur mortelle, de donner tous mes rasoirs,
couteaux, &c. &c. à ces deux Citoyens. Il s'acquitta
de la commission avec peu d'empressement, et beaucoup
de soupirs ; après quoi ces Messieurs me dirent qu'il
serait nécessaire, pour la forme, qu'ils fouillassent partout
eux-mêmes, et jusques dans mes poches ! L'idée de
cette fouille me révolta.—" Eh quoi !" leur dis-je,
" ma parole de ne rien garder ne vous suffira-t-elle pas ?"
" Oui," répondit l'un d'eux, " si vous voulez nous la
" donner."—Je le fis, et ils s'en allèrent. Je m'attendais

1793.

à une scène de lamentations, de la part de mon bon Gamache, et je ne me trompais pas: elle fut même du genre le plus tragique, et, en effet, la chose n'était ni gaie, ni de bon augure. Mais c'est en pareil cas, qu'on doit se monter, et se préserver de l'abattement, si l'on ne veut pas souffrir mille fois davantage: Dieu merci! j'ai toujours eu assez de force pour cela, et la perspective de la mort, n'a jamais troublé mon repos. Le pauvre Gamache aurait peut-être été de même à ma place; mais l'impression qu'on éprouve, lorsqu'on est menacé soi-même d'un danger, est bien différente de celle que cause le danger d'un être auquel on s'intéresse vivement. Dans ce dernier cas, on a le cœur d'autant plus déchiré, qu'on veut cacher son inquiétude à celui en est l'objet, et cela seul est vraiment un martyr.

Après la sortie des Administrateurs nous fûmes pendant quelque tems sans proférer une seule parole; je regardai Gamache, et je vis son visage se décomposer de plus en plus.—" Gamache," lui dis je alors, " tu es " sûrement malade! jamais je ne t'ai vu si pâle."—" En " effet, je ne me sens pas trop bien; mais je m'en vais " tâcher de respirer l'air, et je serai bientot mieux." En disant cela, il alla s'établir devant le soupirail, la tête contre les barreaux, de manière qu'il me tournait le dos; mais, un moment après, je m'apperçus au mouvement de ses épaules, qu'il pleurait à chaudes larmes. Pourquoi donc pleures-tu?—" Je ne pleure pas," me répondit-il, en sanglottant. Si j'avais été moins ému moi-même, cette réponse m'aurait fait rire. " Je vois que " tu pleures," lui dis je, " mon bon Gamache, et tu as tort " de vouloir me cacher un chagrin, qui ne me prouve que " ton attachement."—Hélas," me répondit-il, " ce n'est " pas l'inquiétude qui me fait pleurer! car enfin, qu'ose- " rait-on vous faire? Mais de vous voir traiter aussi " indignement, comme un criminel, ah! c'est trop fort!" Et il se remit à fondre en larmes.—" Mais pourquoi te " désespérer, lorsque tu me vois tranquille? sois sûr

" que ce misérable enlèvement de choses, qui me sont
" journellement nécessaires, n'est qu'un nouveau tour-
" ment, inventé tout-à-l'heure par ces Messieurs, et il
" ne faut pas s'en désoler." Mon discours eut tout
l'effet que je pouvais desirer : mon fidèle compagnon se
remit bientôt après dans son état ordinaire, et, selon
notre coutume, dès qu'on nous eut apporté de la lumière,
nous commençâmes notre partie de piquet. Elle fut
interrompue par la visite journalière des Administrateurs
et de l'Officier de garde qui examinèrent tous les barreaux de nos grilles l'un après l'autre, en les faisant
sonner avec leurs cannes pour voir s'il n'y en avait pas
de limés Je ne pus m'empêcher de lever les épaules,
en voyant cette opération, et sans leur dire un seul mot,
je continuai ma partie. Ce redoublement de précautions
me faisait croire, qu'ils avaient nécessairement de très
mauvaises intentions à mon égard : car on ne traite pas
de la sorte, un homme qu'on veut seulement priver de
la liberté, et ils n'avaient jamais rien fait de tout cela,
depuis trois mois que nous étions en prison. Au surplus,
j'étais déja résigné à tout : mais une chose qu'on m'assûra
être de pur hazard, me fit, quelques jours après, une
impression très forte, et que je n'oublierai de ma vie.
Un matin, tandis que je me livrais à des reflexions assez
noires j'entendis ouvrir un des verroux de ma porte ;
ce n'était pas l'heure ordinaire des visites, et cette circonstance suffit quand on est en prison, pour exciter
une vive impatience de savoir ce dont il s'agit. Elle fut
bientôt tristement satisfaite. La porte s'ouvre, et je
vois un Prêtre, en longue soutane, qui dit à ceux qui
lui avaient ouvert. " Vous pouvez refermer, je resterai
" ici quelque tems." J'avoue que je ne doutai pas que ce
ne fût un Prêtre qu'on m'envoyait pour me préparer à
mes derniers momens ; et cela y ressemblait assez.
" Que ma visite ne vous fasse pas de peine," me dit le
prêtre en s'avançant ; " je ne viens que pour tâcher de
" vous consoler en causant avec vous. Je suis curé de

1793.

—— " St Laurent, j'ai la confiance de votre tante, et c'est à
" sa recommandation, que je suis venu vous voir."—Il
me dit, de plus, qu'il était autorisé à visiter toutes les
prisons, et me répéta qu'il espérait que sa visite, ne me
déplairait pas. Je l'assûrai que, comme simple visite,
elle me faisait grand plaisir ; mais je lui avouai que la
vue de sa soutane était un peu inquiétante pour quelqu'un qu'on tenait au cachot, et envers lequel on usait
de toutes sortes de rigueurs. Il me certifia que, loin
d'avoir l'intention de m'entretenir d'idées tristes, le seul
but de sa visite était de me distraire et de me consoler.
En effet, pour ne me laisser aucun doute à ce sujet, il
me tint plusieurs propos, dont la gaieté m'étonna : ce
n'était pas de la gaieté que je lui demandais, quoique
je la préférasse aux sermons ; mais je tâchai de savoir de
lui, la cause du redoublement de rigueur que je venais
d'essuyer. Il me protesta qu'il ne savait rien du tout à
cet égard, m'exhorta à la patience, me parla ensuite de
choses assez indifférentes, et au bout d'une demi-heure,
me quitta. Je ne le revis que deux ans après : il venait
de Rome, où il avait rétracté son serment de prêtre
constitutionnel, et obtenu son pardon du Pape. Il
renouvella sa rétractation à Marseille, à cette même
époque, c'est-à-dire, en 1796.

Mon père ayant vainement sollicité la permission de
prendre l'air, ne fût-ce qu'à la porte de la Tour, la
demanda pour Beaujolois, dont la santé commençait à se
ressentir de cette étroite réclusion, et dont l'âge ôtait
tout prétexte à un refus. En effet, il l'obtint, à condition
pourtant qu'un des Administrateurs ne perdrait pas de
vue Beaujolois. On venait le chercher dans la journée,
on lui laissait prendre l'air deux ou trois heures, et on
le ramenait ensuite dans leur cachot. Il demanda plusieurs fois avec instance, qu'on lui accordât la permission
de venir me voir ; mais elle lui fut toujours refusée.
Comme il était enfermé au dessus de moi, il fallait, pour
sortir, qu'il passât devant ma porte, et jamais il ne man-

quait de me crier : " Bon jour, Montpensier, comment
" te portes tu ?"—On ne peut pas se faire d'idée de l'impression que me causait sa voix, et de la peine que
j'éprouvais, lorsque je passais un jour sans l'entendre :
car quelques fois on lui défendait même de m'adresser
ce peu de mots ; on le pressait toujours tellement, qu'il
avait à peine le tems d'entendre ma réponse. Un jour,
cependant, ayant obtenu de ne rentrer qu'au moment
où l'on apportait le diner, il se glissa à la suite du porteur
du panier, et, malgré les Administrateurs qui voulaient
le retenir, s'élança dans ma prison, et vint m'embrasser.
Il y avait six semaines que je ne l'avais vu, et six cruelles
semaines ! ce moment fut bien doux, mais bien court
. . . . . on vint aussitôt me l'arracher, en le menaçant de
ne plus le faire sortir, si pareille chose recommençait.
Conçoit-on une barbarie pareille ? car quel motif, ou
quel prétexte raisonnable pouvaient-ils avoir, pour
empêcher deux frères, dont l'un était âgé de treize ans
et demi, et l'autre de dix huit, de jouir de la consolation
de rester un moment ensemble, devant témoins ? On ne
me permettait jamais non plus, lorsqu'on ouvrait la porte,
de m'en approcher, pour respirer l'air qui venait par le
vilain petit escalier. Un matin seulement, après m'avoir
apporté mon déjeuner, on me permit de rester un instant
sur le pas de la porte. J'entendis, avec émotion la voix
de mon Père, car c'était la première fois depuis bien
longtems ! Il n'était séparé de l'escalier, que par une
grille, mais il avait une sentinelle, qui pouvait voir à
travers, tout ce qu'il faisait, et lui adresser la parole
quand cela lui convenait : de plus les Officiers de Garde
et les Administrateurs y faisaient venir leurs amis, pour
satisfaire leur curiosité ; et l'avantage d'avoir un peu
plus d'air, me paraissait trop payé à ce prix. On m'avait
offert aussi une grille, à la place de ma grosse porte à
verroux ; mais je l'avais refusée ; et je ne concevais pas
comment mon malheureux père, pouvait préférer tous
les désagrémens dont je viens de parler, à celui d'avoir

1793.

—————— la porte à verroux. Cela ne lui faisait rien : il tenait
1793. même beaucoup à voir du monde quel qu'il fût, et à
pouvoir adresser de tems-en-tems, la parole à quelqu'un. Cette fois là, j'entendis qu'il demandait à la
sentinelle l'heure qu'il était : je m'empressai de lui
crier : " Il est neuf heures, ... Bon jour, mon père,
" comment vous trouvez-vous ?"—" Ah ! Montpensier,"
me répondit-il aussitôt, " que je suis aise d'entendre ta
" voix ! ma santé n'est pas trop bonne, mon pauvre
" enfant, mais si je te voyais, cela me ferait du bien."
Puis j'entendis qu'il demandait la permission de me voir
au moins un instant ; mais on la lui refusa, et on ferma,
sur-le-champ ma porte.

Ce qu'on m'avait annoncé en ôtant mes rasoirs, couteaux, &c. fut exécuté de point en point. Quand j'avais
besoin de me raser, (ce qui m'arrivait beaucoup moins
souvent qu'à Gamache, car je n'avais alors que très-
peu de barbe,) je priais l'administrateur de me faire
apporter la cassette où étaient mes rasoirs ; et deux
Garde-nationaux restaient toujours à côté de nous,
pendant que nous en faisions usage. L'attention avec
laquelle ils fixaient Gamache, pendant qu'il se rasait,
m'amusait souvent : quand il était en belle humeur,
il leur demandait s'ils croyaient qu'il eût bien envie
de se couper le cou, et les assûrait que si personne
ne le desirait plus que lui, il le garderait encore
longtems sur ses épaules, mais qu'il était réellement
honteux de les voir se fatiguer ainsi, pour sa toilette.
Je profitais toujours de l'arrivée de la cassette, pour
tailler des plumes et des crayons : car j'essayais de
dessiner dans les momens où j'avais assez de jour ; mais
cela m'était bien souvent impossible. Pour que je pusse
me servir d'un couteau à diner, il fallait aussi que deux
Garde-nationaux y fussent présens, et cela m'était
odieux : car alors nous ne pouvions rien dire ; et c'est
ordinairement pendant mes repas, qu'il m'est le plus
agréable de causer. Aussi, pour le souper, je me faisais

couper en petits morceaux la viande rôtie, qu'on m'apportait, afin de n'avoir pas besoin de couteaux, et de pouvoir dispenser ces Messieurs d'assister à ce repas (1). Cependant lorsque, par hazard, ceux qu'on chargeait de ce soin, se trouvaient être polis et bien intentionnés, c'était beaucoup moins désagréable, et mais cela procurait l'avantage d'apprendre quelque chose de ce qui se passait au dehors : car on nous laissait à cet égard dans une ignorance parfaite. Mais comme on donnait toujours la consigne de ne rien dire, il fallait qu'ils eussent bien envie de parler, pour oser l'enfreindre, et surtout qu'ils fussent réciproquement bien sûrs l'un de l'autre, ce qui n'était pas fréquent. Cependant cela arriva quelques fois, et ce fut de cette manière que j'appris la formation d'une armée de seize mille Marseillais, pour s'opposer aux troupes de la Convention qui arrivaient sous le commandement de Carteaux. Ils se promettaient des merveilles de cette armée, qui ne put pas même défendre, des passages inexpugnables contre une poignée d'hommes : (Carteaux n'avait que trois mille hommes). Ils m'assurèrent qu'aussitôt qu'on se serait débarrassé de l'inquiétude que causaient encore les Jacobins, et *l'armée des brigands qu'on allait écraser,* on s'empresserait de nous rendre notre liberté. Je les remerciai de leurs bonnes nouvelles ; mais je n'y croyais point du tout ; et d'ailleurs je ne voyais rien qui pût annoncer quelques dispositions à améliorer notre sort. Les précautions allaient toujours en augmentant. Tout ce qu'on nous apportait, était examiné de la manière la plus scrupuleuse. On coupait toujours le pain en quatre, pour voir si on n'avait pas glissé quelque billet dedans : les volailles étaient aussi ouvertes en deux, et inspectées rigoureusement ; enfin, tout, jusqu'aux fruits,

1793.

---

(1) Un soir que nous avions oublié de prendre cette précaution, nous fûmes obligés de déchirer avec nos dents et nos fourchettes, un morceau de bœuf, qu'on nous avait apporté pour souper.

était soumis à cette ridicule cérémonie. Comme cette opération se faisait ordinairement avec le même couteau, elle donnait à tout ce que l'on mangeait, l'apparence la plus sale et la plus dégoûtante. Après avoir souffert longtems ce nouveau tourment, sans m'en plaindre, je perdis une fois patience. L'homme chargé de porter diner, le mettait mon sur ma table, lorsque l'administrateur présent à cette opération, apperçut une volaille, qu'on avait oublié de couper en deux : il se précipite aussitôt vers moi, avec un air d'importance et de soupçon, et me déclare qu'avant de manger de cette volaille, il faut que je la coupe devant lui. " Comme " je ne suis point accoutumé," lui répondis-je, " à " mordre à la viande, je compte la couper pour en " manger ; mais si vous voulez vous procurer cette " satisfaction à vous-même, vous en êtes bien le " maître."—" Citoyen, c'est au nom de la loi que je " parle, et vous devez vous y soumettre !"—" Citoyen, " la loi n'ordonne point toutes les vexations, dont on " nous accable, mais je sais très-bien que je dois m'y " soumettre, puisque je suis au cachot, et que vous " en avez la clef ; c'est une vérité qu'il n'est nullement " nécessaire de me démontrer."—Je dis à Gamache de couper le poulet, et l'administrateur s'en alla, en grognant. Après une quantité de, " Mon Dieu, Seigneur ! " les vilaines gens ! . . . . . Gamache m'exhortait à modérer mon impatience devant des personnages aussi redoutables : mais c'était souvent plus fort que moi. Ces deux premiers mois de la Tour, furent certainement le tems le plus affreux de ma captivité, car quoique j'aye éprouvé dans la suite, des chagrins plus violens que ceux que j'éprouvais alors, je n'ai jamais eu à souffrir, depuis cette époque, une suite aussi complette, aussi accablante, de tourmentset de vexations: je dis deux mois, quoique j'en aye passé *trois* dans ce cachot, *sans mettre une seule fois le pied hors du seuil de la porte ;* mais c'est qu'au bout de ces deux premiers mois, ou plutôt, quelques jours après leur expiration, je commençai à goûter une consolation, qui contribua infiniment à adoucir mon sort. Au moment où je m'y attendais le moins, je vis ouvrir ma porte, et paraître Beaujolois, auquel un homme, qui le suivait, demanda à quelle heure il voulait qu'on vint le reprendre.— " Dans deux heures, si vous voulez bien," répondit-il ; —et l'homme s'en alla, en refermant la porte sur lui. Aussitôt, je me jettai à son cou ; et ma joie de le revoir, et de me trouver seul, avec lui, fut, pendant quelques instans, si vive, qu'il m'était impossible de proférer une seule parole. A la fin, je lui demandai à quelle heureuse circonstance je devais ce plaisir inattendu.—" Je n'en " sais rien moi-même," me dit-il," je crois que c'est seule- " ment un heureux hazard. Celui qui vient de me faire " entrer ici, n'est qu'un secrétaire du département, que " les Administrateurs ont envoyé pour me faire prendre " l'air. En descendant l'escalier, je lui ai demandé, si " je ne pouvais pas te voir, et à mon grand étonnement, " il m'a ouvert la porte ; mais ce qui y a mis le comble, " c'est lorsqu'il m'a demandé combien de tems je " voulais rester ici. Cependant je me suis bien gardé " de le lui témoigner, de peur qu'il ne se ravisât, et " maintenant la seule peur que j'aye, c'est que les " Administrateurs ne le grondent et ne me renvoyent " chercher. Mais, en attendant jouissons du plaisir " d'être ensemble, et disons nous bien vite tout ce que " nous avons à nous dire."

Je m'empressai de lui demander des nouvelles de mon père, dont il me semblait que cette étroite réclusion devait horriblement affecter le moral et le physique. Il me dit que sa santé avait un peu souffert, mais qu'elle était assez bonne maintenant, et que, quant à son humeur, elle était toujours, à l'exception de quelques petits momens d'impatience et de chagrin, aussi gaie et aussi aimable qu'à l'ordinaire. Il me donna ensuite, sur la situation de Marseille, sur celle de l'armée de Carteaux,

1793.
Août.
Mon frère
a la per-
mission
de venir
me voir.

et des Marseillais, beaucoup de détails intéressans qu'il avait recueillis dans la conversation des Administrateurs et des Garde-nationaux, lorsque ces derniers ne se méfiaient pas de lui. Puis, nous nous contâmes réciproquement les mille et une persécutions que nous avions éprouvées, depuis que nous ne nous étions vus ; enfin nous conclûmes qu'elles devaient être bien près de leur terme, et que le bonheur, si inattendu, dont nous jouissions, en était un présage presque certain. Ce qui augmentait notre joie, et nous faisait pour ainsi dire, déraisonner de la sorte, c'était de voir que les Administrateurs ne renvoyaient pas chercher Beaujolois ; et ne pouvant ignorer le lieu où il était, il fallait nécessairement qu'ils consentissent à ce que nous fussions ensemble. Au bout de ces deux heures qui s'écoulèrent avec une rapidité extrême, on vint, comme on en était convenu, reprendre Beaujolois, et nous nous séparâmes avec l'espoir de nous revoir le lendemain. Cet espoir ne fut point trompé, et nous eûmes cette consolation pendant les trois semaines suivantes, excepté, lorsqu'il se trouvait un Administrateur de mauvaise huméur qui refusait ce que les autres avaient accordé. Enfin, après ces trois semaines, c'est-à-dire, le 25 Août, jour de St Louis, Carteaux fit son entrée à Marseille, et notre fort fut soumis à une espèce de gouvernement militaire, dont nous nous trouvâmes beaucoup mieux, que de celui des Municipaux et des Administrateurs (1). Deux jours avant cet évènement, nous entendîmes une forte canonnade, qui paraissait avoir lieu dans la Ville, et qui dura assez long-tems. Nous distinguâmes même le bruit

---

(1) En général nous avons presque toujours eu infiniment plus à nous louer des Militaires, que des officiers civils. Ces derniers, ne pouvaient jamais assouvir leur rage, contre ceux qu'ils considéraient comme leurs ennemis, et ils saisissaient avec empressement toutes les occasions de déployer leur autorité en tourmentant leurs prisonniers, tandis que les autres, accoutumés à un plus noble genre de victoire, semblaient, même en pareil cas, ne s'acquitter qu'avec répugnance, du devoir qui leur était imposé.

de plusieurs bombes ; mais, ces deux jours là, on ne permit pas à Beaujolois de venir me voir, et on gardait un tel silence, lorsqu'on m'apportait à manger, qu'il était impossible de savoir la cause précise de ce tapage. Je savais que Carteaux n'était pas loin, et je me figurais que c'était lui, contre lequel les Marseillais faisaient un dernier effort ; mais je sus depuis, que c'était la section N₀ 11, qui s'étant déclarée pour Carteaux, deux jours avant son arrivée, se battit, pendant quelque tems, contre les autres, et fut ensuite se joindre à l'Armée Conventionelle qui, comme je l'ai déja dit, fit son entrée à Marseille, le 25 Août. La veille au soir, nous éprouvâmes une inquiétude assez vive, en voyant se passer l'heure du souper, et plusieurs heures ensuite, sans que rien arrivât : nous craignions qu'on ne nous eût abandonnés dans nos cachots, et que nous ne fussions exposés à y mourir de faim.—Le Corps-de-Garde de la Tour était très près de ma porte, et toujours rempli de Garde-nationaux qui faisaient continuellement un train effroyable, ce qui n'était pas un de mes moindres toûrmens ; car leurs chants étourdissans, m'empêchaient souvent de fermer l'œil, pendant des nuits entières. Mais, ce soir là, on n'entendait plus rien, et il paraissait que tous ces messieurs avaient déserté le poste. Nous frappions à coups redoublés, Gamache et moi : mon père et Beaujolois aussi inquièts de leur côté, criaient à tue-tête. J'essayai de leur demander au travers de ma porte, si c'était la même cause qui leur faisait faire tout ce bruit ; ils m'entendirent, et me répondirent que leur sentinelle les avait abandonnés ; comme mon cachot était plus près du corps de garde, ils me demandèrent si je n'entendais rien ; mais, au bout de quelque tems, je distinguai plusieurs voix, dont le bruit augmentant à chaque instant, indiquait leur approche : nous renouvellâmes nos cris, et on nous annonça qu'on arrivait, ce qui nous tranquillisa beaucoup. En effêt, nos portes s'ouvrirent peu de tems après, et nous vîmes

1793.

avec joie paraitre notre souper. Nous nous permîmes quelques questions sur ce long retard ; mais on ne satisfit point notre curiosité.

Le lendemain matin, jour de l'arrivée de Carteaux, ce fut un Caporal de Garde Nationale qui vint, tout seul, ouvrir ma porte pour faire entrer mon déjeûner. Je vis par là, que tout était en désordre, et je voulus au moins en profiter, pour aller voir mon père, que je n'avais pas apperçu depuis trois mois, quoique si près de lui pendant tout ce tems. Je m'élançai donc hors de mon affreux tombeau, malgré le caporal, qui mourait de peur, et disait toujours : " Mais, Citoyen ; mais, Citoyen, cela ne se peut pas !" Je l'assurai que cela se pouvait, et je le lui prouvai en montant, quatre à quatre, le vilain petit escalier qui conduisait à la prison de mon père et de Beaujolois. Leur grille était ouverte, parce qu'on venait de leur apporter à déjeûner : je me précipitai dans les bras de mon père, et ce fut un plaisir bien vif ! Je voulais déjeûner avec eux : mais le caporal, m'ayant prié en tremblant, de n'en rien faire, et m'ayant assûré que, si on nous trouvait ensemble, il était perdu, je consentis à me séparer d'eux, et à retourner dans ma triste demeure.—Vers midi, les troupes de Carteaux, vinrent prendre possession du fort : c'était un détachement du régiment de Bourgogne. L'Officier qui le commandait se fit conduire dans tous les postes et prisons, par un Officier de Garde Nationale qui avait une peur effroyable : car il craignait, avec raison, qu'on ne le traitât en rebelle. Ils vinrent tous les deux à la Tour. L'Officier du régiment de Bourgogne avait de très bonnes manières et l'air fort honnête. Je lui demandai quels étaient ses ordres à notre égard, et il me répondit qu'il n'en avait d'autres, que de faire suivre provisoirement les anciennes consignes, mais que si nous avions des réclamations à adresser au Général Carteaux, ou aux représentans du Peuple, il s'en chargerait avec grand plaisir il ajouta

L'armée
du général
Carteaux
occuppe
Marseille
et le fort.

qu'il desirait personnellement pouvoir adoucir notre sort ;
mais que nous devions bien penser que cela ne dépendait
nullement de lui, et qu'un militaire ne connaissait que
les ordres de ses supérieurs.   En disant cela, il se retira.
Quelque tems après, on m'apporta mon diner : ce fut
un sergent, qui ouvrit la porte.—" Diable !" dit-il en
entrant, " c'est *ben* noir ici ! Bon jour, Citoyen !—C'est
" votre père et votre frère qui sont là haut, n'est-ce
" pas ?"—Oui.—" *Çà* vous ferait-il *ben* plaisir d'aller
" diner avec eux ?"—" Oh ! beaucoup, et je vous en
" aurai une grande obligation."—" Eh *ben*, montez, j'ai
" fermé la grille d'en bas. Si l'Officier, ou quelqu'un
" vient, vous redescendrez *ben*-vite dans votre prison, et
" on ne s'appercevra de rien : car je ne demanderais
" pas mieux, de vous mettre dehors ; mais je ne me
" soucierais pas qu'on me mît dedans à votre place."
J'étais déjà en haut, lorsque ce brave homme achevait
son discours.   Mon père et Beaujolois ne furent point
étonnés de mon arrivée : car c'étaient eux qui avaient
obtenu cette grâce, du sergent ; mais ils en témoignèrent
une joie extrême.   Nous remerciâmes tous, de bon cœur,
celui qui nous avait procuré, cette jouissance ; il était
réellement un très bon homme, mais bizarre à l'excès.
" C'est bon," nous dit-il, " je suis content, si vous l'êtes !
" mais, chut !" (en mettant le doigt sur la bouche) " et
" ne vous vantez pas d'avoir été ensemble, car je serais
" perdu, si on le savait."—Nous dinâmes beaucoup plus
gaîement, que nous ne l'avions fait de longtems ; et
après diner, nous eûmes la permission de rester encore
quelque tems ensemble.   Vers l'entrée de la nuit le
sergent me fit redescendre, ainsi que mon fidèle Gamache,
et nous enferma dans notre trou.   Le soir, ce fut encore
lui qui vint ouvrir, pour faire entrer le souper. J'espérais
qu'il m'accorderait la même faveur que le matin, et je la
lui demandai ; mais il me la refusa.   Il était yvre, selon
sa coutume journalière.—" Non," me dit-il, " ça gâterait
" tout, si vous alliez là haut ce soir ! soupez ici tran-

1793.

" quillement."—Ce qui me parut le plus clair dans cette injonction, c'est que le bon homme, était beaucoup plus traitable à jeûn, que dans le vin. Le lendemain matin, il ne fit pas la moindre difficulté de me laisser monter chez mon père, et même, il m'y laissa toute la matinée, ce qui fut pour moi un plaisir sensible. Il vint seulement me renfermer un moment avant qu'on ne le relevât; et le sergent son successeur, étant aussi un fort bon homme, nous accorda la même faveur, de la meilleure grâce du monde, et sans y mettre la restriction du souper. Nous eûmes la consolation de pouvoir causer ensemble tout à notre aise, et sans témoins; ce qui ne nous était pas arrivé depuis bien longtems, puis nous jouâmes à toutes sortes de jeux de cartes, aux dames, aux échecs, &c. Enfin, indépendamment du plaisir que nous procurait cet adoucissement par lui-même, l'espoir quoiqu'assez peu fondé, que c'était un pas vers notre liberté, nous mettait du baume dans le sang. Nous avions été si mal, si horriblement traités, dans ces derniers tems, qu'il suffisait à ceux qui étaient alors chargés de nous garder, d'être animés de quelques sentimens d'humanité, pour pouvoir, sans se compromettre, rendre notre sort infiniment plus doux : Aussi leur dois-je la justice de dire, qu'ils firent pour cela, tout ce qui était en eux. Quand je dis, *ils*, c'est-à-dire, presque tous les sergens qui vinrent commander le poste de la tour, et dont, parconséquent, nous dépendions immédiatement. Les Officiers étaient, en général,

Nos nouveaux gardiens nous permettent de nous voir, et de prendre l'air sur une terrasse.

moins bons : cependant quelques uns se conduisirent parfaitement à notre égard Beaujolois : eut la permission de se promener dans le fort, à toute heure, et tant qu'il lui plaisait ; mon fidèle Gamache obtint aussi cette faveur. Ces deux *demi-libertés*, nous firent d'autant plus de plaisir, qu'ils s'informaient de tout ce qui se passait au dehors, et venaient nous le raconter. Mais, malgré toutes les réclamations que nous faisions, nous étions toujours, mon père et moi, privés du plaisir de

prendre l'air, et nous en avions, comme on peut croire,
un besoin extrême : mon père en souffrait encore plus
que moi. Enfin, au bout de quelques jours, nousvîmes
une après-dinée, l'Officier de garde entrer dans notre
prison, en nous disant : " Venez, Citoyens, venez
" respirer l'air : il est trop cruel de vous étouffer de la
" sorte ! Je le prends sur moi, on m'en punira, si on
" le juge à propos" (1).—Nous le suivîmes avec un empressement facile à imaginer, et en l'assûrant de notre
reconnaissance.

On n'a pas d'idée de l'étourdissement qu'on éprouve
en voyant le grand jour, après en avoir été longtems
privé, et en respirant l'air pur. Je fus d'abord
ébloui, au point de ne pas pouvoir marcher, pendant
quelques momens ; puis, après cet étourdissement,
je me trouvai dans une espèce d'yvresse, qui me faisait
chanceller, et j'éprouvais, en même-tems, un bourdonnement dans les oreilles, qui m'empêchait entièrement d'entendre ce qu'on me disait. Enfin, ce ne fut
qu'au bout d'un peu plus d'un quart d'heure, que je fus
en état de jouir réellement du bien qu'on m'accordait.
C'était sur une petite terrasse adjacente à la Tour, que
nous nous trouvions : on nous permit d'y rester une
heure et demie ; et comme la nuit approchait, on nous
fit rentrer dans nos cachots. Le lendemain et les
jours suivans, on continua de nous accorder la même
permission. Quelques Officiers, cependant, soit par
méchanceté, soit par crainte de se compromettre, nous
la refusèrent, mais c'était assez rare, et souvent
même, dans ce cas, au moyen de quelques bouteilles
de vin, ou de quelques pipes de bon tabac, on obte-
nait des sergens qu'ils prissent sur eux de nous faire
sortir un moment, sur la Terrasse. Enfin, comme je l'ai
déja dit, *le régime militaire*, nous convenait infiniment

---

(1) Ce brave homme se nommait *Cottin*, il était lieutenant dans un
Bataillon de la *Côte-d'or* (Dijon).

 mieux que le *régime Municipal;* mais cette funeste engeance, quoique subordonnée aux militaires (la Ville était en état de siège) trouva encore le moyen de nous persécuter. Un jour que nous étions tranquillement à diner ensemble, deux de ces messieurs décorés de leurs écharpes, entrèrent dans notre prison, et d'un ton insolent, nous déclarèrent ainsi leurs volontés suprêmes: " Citoyens, la Municipalité, et les Administrateurs du " département et du district, n'ayant été instruits que " ce matin, de votre réunion, nous ont aussi-tôt députó " vers vous pour vous séparer. En conséquence, il " faut que le fils aîné descende sur-le-champ dans sa " prison où il continuera d'être enfermé comme au- " paravant, sans avoir de communication avec qui que " ce soit."—Cette déclaration pénétra le fils aîné, de chagrin et de colère.—" Au moins," leur dis-je, "vous " voudrez bien permettre que j'achève ici mon diner: " il doit vous être assez indifférent qu'on m'ensevelisse " une demi-heure plutôt, ou plus tard, dans mon cachot ?" Mon père était vivement affecté.—" Mais ne sentez- " vous pas," leur disait-il, " la dureté, l'injustice d'un " pareil traitement, et surtout son peu d'utilité?"—"Nous " savons que cela est triste; mais nous ne connaissons " que nos ordres."—Enfin, ils nous permirent d'achever notre diner; mais ils ordonnèrent au sergent de m'en- fermer aussitôt après dans mon cachot, et s'en allèrent. Nous étions plongés dans la consternation, et dans le plus morne silence, lorsque le sergent après avoir recon- duit ces messieurs hors de la Tour, remonta vers nous, et s'assit à quelque distance de notre table. C'était par bonheur un excellent homme, que l'état où il nous voyait avait touché jusqu'à l'âme.—" Consolez-vous," nous dit-il, " quand toutes les Municipalités de la terre, " me donneraient de semblables ordres, je me garderais " bien de les exécuter. Soyez tranquilles, vous resterez " ensemble, à moins que mon Officier ne vienne lui- " même vous séparer; mais je ne le crois pas: car c'est

" un brave homme. Ce soir, lorsqu'il commencera à
" faire nuit, je viendrai vous prendre, pour vous mener
" sur la petite terrasse, et vous pourrez y prendre l'air à
" votre aise. De plus, je ne ferai aucune mention à
" ceux qui viendront me relever, des ordres de ces
" gens là, et vous continuerez à jouir des mêmes con-
" solations."—Ce discours si inattendu, nous causa non-
seulement une joie inexprimable, mais un attendrissement extrême. Nous cherchions en vain des termes
pour exprimer notre reconnoissance à cet être généreux
que nous n'avions jamais vu, jusqu'à ce moment, et
auquel nous avions une aussi grande obligation ! mais il
vit combien nous y étions sensibles, et ce fut sa seule
récompense : car il ne voulut jamais recevoir de nous
la moindre bagatelle !—Tout ce qu'il avait annoncé, se
réalisa : nous restâmes ensemble, et nous eûmes presque
tous les soirs, la permission de respirer l'air, plus ou
moins longtems, sur la petite terrasse. Lorsque quelqu'Administrateur, ou Officier Général, venait visiter la
Tour, (ce qui était assez rare) le Sergent accourait sur-le-
champ, nous enfermait séparément sous tous les verroux
et grilles de nos cachots, et aussitôt, qu'ils étaient partis,
il venait nous ouvrir, et nous laissait communiquer
ensemble, comme auparavant.—Un jour que j'avais
été enfermé de la sorte, j'entendis à travers ma porte,
un de ces messieurs qui disait, en montant l'escalier :
" C'est le ci-devant Duc d'Orléans qui est en haut, et
" son fils aîné en bas ; mais ils n'y resteront pas long-
" tems : *car il faut que leur têtes pètent !*"—Quoique
ce propos n'ait pas été le seul de ce genre, que j'aye eu
à essuyer, il me fit alors une impression d'autant plus
forte, que, par un effet du besoin qu'on a toujours de se
livrer à l'espérance, nous regardions comme un très
heureux présage, les adoucissemens, que nous ne
devions qu'à l'humanité de nos bons Sergens.

Nous passâmes de la sorte le mois de Septembre, et
une partie du mois suivant. Ce fut dans la matinée du

15 Octobre, que, causant avec mon père, nous vîmes arriver Beaujolois, avec précipitation, et un air d'inquiétude qu'il voulait contraindre. Mon père lui demanda ce qu'il y avait de nouveau.—" Il est," répondit-il, " question de vous dans les papiers."—" Si ce " n'est que cela, mon cher enfant, cela n'est pas nouveau, " car on me fait cet honneur là assez souvent ; mais je " serai bien aise de lire ce papier, si tu peux me le procurer."—" C'est chez ma tante que je l'ai vu, et elle " ne voulait même pas que je vous en parlasse ; mais je " sais que vous aimez bien mieux être instruit de tout."— " Tu as très-fort raison ! mais, dis moi, est-ce à la Con" vention qu'il a été question de moi ?"—" Oui, papa, et " il a été décrèté que vous seriez jugé."—" Tant mieux ! " tant mieux, mon fils ! il faudra maintenant que tout " ceci finisse bientôt d'une manière où d'une autre ; et " de quoi peuvent ils m'accuser ? Embrassez moi, mes " enfans, j'en suis enchanté ?"—J'étais loin de partager sa joie ; mais en même-tems, sa parfaite sécurité et le penchant qu'on a toujours à se flatter de ce qu'on desire, m'empêchèrent d'éprouver une inquiétude aussi vive que je l'eusse ressentie, si j'avais appris cette fatale nouvelle en son absence. Il se fit apporter le papier public, et y lut son décrèt d'accusation, joint à plusieurs autres.—" Il n'est," me dit-il, " motivé sur rien, il a été " sollicité par de grands scélérats ; mais n'importe ! " ils auront beau faire, je les défie de rien trouver contre " moi."—C'était ainsi que cette espèce d'optimisme si précieux, qui dominait dans son caractère, lui cachait le danger affreux, auquel il était exposé !—" Allons, mes " amis," continua-t-il, " ne vous attristez pas de ce que " je regarde comme une bonne nouvelle, et mettons " nous à jouer."—Nous le fîmes, et il joua d'aussi bon cœur, et tout aussi gaiement, que s'il n'avait rien appris du tout.—Il me dit ensuite qu'on me ferait venir à Paris avec lui, pour y subir un jugement : je le pensais de même ; mais je n'en augurais pas, à beaucoup près,

aussi bien. Quelques jours après, nous eûmes la visite de trois commissaires, qui arrivaient de Paris, pour chercher leur victime ; ils nous parlèrent du ton le plus poli, et même le *plus mielleux*, (je n'ai jamais su quel avait été leur motif en cela), nous engagèrent à n'avoir pas la moindre inquiétude, et nous assûrèrent que c'était moins un jugement qu'un éclaircissement, qu'on desirait. Ils dirent aussi, en réponse à une question de mon père, qu'ils n'avaient aucun ordre à mon égard, et que, quant à son départ, il devait se tenir tout prêt, parcequ'ils viendraient le chercher sous très peu de jours. En effêt, le 23 Octobre, à cinq heures du matin, je fus éveillé par mon malheureux père, qui entra dans mon cachot avec les scélérats, qui allaient le faire égorger : il m'embrassa tendrement—" Je viens, mon cher Montpensier," me dit-il, " pour te dire adieu, car je vais partir."—J'étais si saisi, qu'il me fut impossible de proférer une parole ; je le serrai contre mon cœur, en versant un torrent de larmes. " Je voulais," ajoûta-t-il, " partir sans te dire adieu,
" car c'est toujours un moment pénible ; mais je n'ai
" pu résister à l'envie de te voir encore avant mon dé-
" part. Adieu, mon cher enfant, consoles-toi, consoles-
" ton frère, et pensez tous deux au bonheur, que nous
" éprouverons, en nous revoyant !"—Hélas ! ce bonheur ne nous était pas destiné !—Malheureux et excellent père ! Quiconque, a pu vous voir de près, et vous bien connaître, sera forcé de convenir (s'il n'est un insigne calomniateur) que vous n'aviez dans le cœur, ni la moindre ambition, ni aucun desir de vengeance ; que vous possédiez les qualités les plus aimables et les plus solides ; mais que vous manquiez peut-être de cette fermeté, qui fait qu'on n'agit que d'après sa propre impulsion ; que d'ailleurs, vous accordiez votre confiance avec trop de facilité, et que des scélérats avaient trouvé le moyen de s'en emparer pour vous perdre, et vous sacrifier à leurs atroces projets !—Celui qui tiendra ce langage, ne fera que vous rendre la justice la plus sévère

1793.

Trois commissaires viennent pour chercher mon père. Il part le 23 Octobre.

1793.

mais vos ennemis écraseront sa voix, et malheureusement, ils n'en ont que trop de moyens. Eh bien !
qu'ils consomment leur ouvrage ! qu'ils achèvent de
déchirer la mémoire de cet être infortuné et sacrifié !
mais puisse-t-il au moins être connu un jour ! puisse le
monde savoir ce que je sais ! puissai-je encore exister
à cette époque !—Revenons à mon triste sujet.

Je montai chez Beaujolois, que je trouvai en larmes,
et nous passâmes toute la journée à nous entretenir de
celui dont nous ne pouvions nous imaginer que nous
fussions séparés pour toujours. Le lendemain, nous nous
occupâmes des moyens de sortir de l'affreux séjour, où
nous avions déjà passé près de cinq mois, c'est-à-dire,
que nous adressames des pétitions aux autorités compé-
tentes. Nous pensions qu'on n'aurait aucune raison de
retenir dans des cachots deux jeunes gens âgés l'un de
dix-huit ans et l'autre de quatorze, qu'on ne pouvait
accuser de rien, et qu'on nous donnerait, au moins,
des logemens plus sains, plus clairs, et un peu plus de
liberté. Nous étions dans l'erreur. La réponse à nos
pétitions, fut un arrêté, portant défense de nous laisser
sortir de la Tour, même pour un moment, permettant
seulement de nous faire prendre l'air pendant le jour,
sur le sommet de la Tour, où on placerait une sentinelle,
qui en refermerait la porte une heure avant le coucher
du soleil. Cette nouvelle rigueur, si contraire à ce
dont nous nous flattions follement, nous plongea dans
la consternation, et nous causa, en même-tems, un
mélange de colère et d'indignation, que nous ne pûmes
cacher au porteur de cet ordre tyrannique ; mais, après
tout, nous fûmes forcés, comme à l'ordinaire, d'en prendre notre parti. Huit ou dix jours après le départ de mon
père, nous reçûmes avec joie une lettre de lui, datée de
Lyon ; elle était fort courte, et ne contenait que quelques
détails assez satisfaisants sur sa santé, et sur l'état dans
lequel il se trouvait. Ce furent les dernières nouvelles que
nous reçûmes de lui !—On ne nous laissait pas alors lire

les papiers publics, quoique nous les demandassions avec plus d'instance que jamais. Ces Messieurs avaient cependant bien voulu nous faire passer, presque toujours, quelques unes des lettres qu'on nous écrivait, et dans lesquelles on avait bien soin de ne rien mettre qui pût exciter le moindre soupçon. Les seules personnes qui nous écrivissent depuis notre emprisonnement étaient, d'une part, ma mère qui était restée à Vernon jusqu'à l'affreuse époque dont je vais parler, et de l'autre Mme de B——, cette excellente amie de mon père, et la nôtre, qui ne cessa jamais de nous donner les preuves d'attachement les plus touchantes, et qui pour nous procurer cette consolation, ne craignit jamais de s'exposer, dans les tems les plus orageux, aux dangers qu'entraînait une correspondance avec des personnes aussi suspectes. Je ne dois pas oublier non plus, de faire mention du bon Lebrun, qui avait été notre sous gouverneur, et qui continua aussi à nous écrire de tems en tems, quoique sa position fût aussi très critique. Ce fut même par une lettre de lui du 8 Novembre, et qui ne nous parvint que le 18, que nous commençâmes à nous douter de l'horrible malheur, que nous venions d'éprouver, et dont nous n'avions aucune connaissance. Je dis que nous ne fîmes que nous en douter, car, quoique cette lettre contint quelques exhortations à la résignation, et à la soumission aux décrêts de la Providence, qui n'étaient que trop intelligibles, on s'était plû à nous faire des contes si contraires à la vérité, que malgré l'inquiétude que nous causa cette lettre, nous trouvâmes moyen de la commenter et de nous faire illusion sur le sens qu'elle aurait du nous présenter.—"S'il était arrivé quel-
" que malheur à mon père," disions-nous, " pourquoi ne
" nous le manderait-on pas plus positivement? comment
" ne l'aurions nous pas appris de quelqu'autre manière ?
" Non, non; le bon Lebrun ne nous exhorte à la
" résignation, que parcequ'il sait que, surtout en

1793.

" l'absence de mon père, nous en avons besoin, dans la
" situation où nous sommes."

Tout en disant cela, nous étions néanmoins horriblement agités, et nous nous cachions mutuellement nos
craintes. Ne pouvant obtenir les papiers publics,
malgré nos vives instances, nous accablions de questions
l'Officier de Garde, et les Sergens, ou Caporaux, qui
venaient nous voir de tems-en-tems ; aucun ne voulut
se charger de nous découvrir la fatale vérité. Enfin un
Garde-de-Ville (que les Municipaux et Administrateurs
avaient placé auprès de nous, sous prétexte de veiller à
ce que leurs arrêtés fussent exécutés, mais, au fait, pour
nous espionner, et leur rendre compte de tout ce que
nous faisions et disions, vint nous déclarer un soir, d'un
air sinistre, que ma tante avait obtenu la permission de
venir passer une heure avec nous, le lendemain. Cette
nouvelle mit le comble à notre inquiétude ; cependant
nous parvînmes à nous abuser encore. " Ma tante,"
disions nous, " voit toujours en noir : elle s'est toujours
" figuré que mon père courait de grands dangers ; elle
" vient, sans doute, pour nous préparer à de mauvaises
" nouvelles qu'elle craint, mais qu'elle n'a certainement
" pas pu recevoir."—Le lendemain, jour affreux ! Il
faisait si sombre dans notre cachot, que nous fûmes
obligés (ainsi que cela nous arrivait quelques fois) de
garder de la lumière toute la journée. Vers midi, ma
tante arriva : " Mes pauvres enfans," nous dit-elle,
après nous avoir regardé quelque tems, avec l'air de la
compassion, " J'espère que vous êtes préparés à recevoir
" la pénible commission, dont il faut que je m'acquitte
" envers vous."—" Non, ma tante," répondîmes-nous
avec empressement, " nous ne sommes préparés à rien,
" nous ne savons rien."—" Il est impossible que vous ne
" vous doutiez pas du terrible malheur que la religion
" seule, peut vous aider à supporter courageusement ; il
" faut enfin cesser de vous abuser. Lisez d'abord cette
" lettre que votre mère vous écrit, et qu'on vient de me

" remettre pour vous."—La lettre ne contenait que ces
mots, en caractères très-gros et très-défigurés : " Vivez,
" malheureux enfans, pour votre si malheureuse mère!"
Cette déchirante recommandation me bouleversa totalement : je regardai Beaujolois ; et à peine nos yeux se
furent ils rencontrés, que les larmes en sortirent aussitôt,
avec d'autant plus de violence, qu'elles avaient été longtems contraintes. Cependant ne pouvant me livrer à
l'affreuse idée de la perte que nous venions de faire,
" Ma tante," m'écriai je, " de grâce, expliquez-vous,
" qu'est devenu mon père ?"—"Vous n'en avez plus," me
répondit-elle, " il a été condamné à mort et exécuté !"—
Je n'eus que le tems de m'écrier. "Ah ! les exécrables
" montres !" Et je perdis aussitôt connaissance. Beaujolois ne tarda pas à s'évanouir aussi. En revenant à
moi, je me trouvai tout en convulsions. On voulut me
porter sur un lit ; et ce lit était le même dans lequel
mon malheureux père avait couché quatre mois ! Cette
vue me fit une impression impossible à rendre : je criais,
je hurlais, je menaçais les assassins de mon père, je leur
demandais la mort, et j'étais enfin dans l'état le plus
violent, où on puisse se trouver. Ma tante, voulut nous
faire des exhortations ; mais je les reçus si mal, qu'elle
s'en alla.

Lorsque nous fûmes un peu plus tranquilles, et qu'il
nous fut possible de nous entretenir ensemble de notre
malheur, je dis à Beaujolois que je ne doutais pas que
les scélérats qui venaient d'assassiner mon père, ne
crussent leur ouvrage incomplet, tant que ses enfans
existeraient, et que certainement, un crime de plus ne
les arrêterait pas. J'ajoûtai que d'ailleurs, la mort était
ce que nous devions desirer le plus, puisque nous ne
pouvions plus espérer maintenant qu'on nous rendît
notre liberté. Beaujolois m'assûra qu'il pensait absolument de même ; et tous deux, nous affermissant dans
l'idée que nos maux ne dureraient pas long-tems, nous
parvînmes à les supporter avec plus de force et de calme.

1793.

Quelquefois, lorsque nous nous sentions dominer par les idées noires, que nous ne pouvions pas toujours vaincre avec autant de facilité, nous nous forcions à prendre quelques verres de vin de plus qu'à l'ordinaire; puis ensuite à fumer, ce qui nous procurait une espèce d'étourdissement, pendant lequel nous ne songions point à l'horreur de notre situation, et cela était suivi d'un sommeil salutaire. Affreuse existence! Le sort des animaux, excitait notre envie! " Ils sont exempts du " tourment de la pensée," disions nous, " ils sont bien " heureux!"—Plus d'une fois, nous nous souhaitâmes en nous couchant, de ne plus nous réveiller, et ce souhait était bien sincère. En effêt, le moment du réveil était, peut-être le plus affreux de la journée : la vue de notre cachot, dans lequel le jour ne pénétrait à travers trois rangs de barreaux et un grillage, que pour mieux en découvrir l'horreur, faisait renaître en nous toutes les cruelles idées, qu'un sommeil bienfaisant avait éloignées pour quelque tems. L'espérance était presqu'entièrement bannie de nos cœurs ; je dis, *presque*, parceque. grâce à la Providence divine, elle ne peut jamais l'être entièrement. Cependant, que pouvions nous raisonnablement espérer ? L'arrêté par lequel le Département et la Municipalité, après avoir reçu toutes nos réclamations, nous condamnait à rester enfermés dans la Tour, nous prouvait qu'on avait l'intention de nous y laisser très longtems, ou au moins, jusqu'au moment où on jugerait à propos de nous envoyer à la boucherie. D'un autre côté, les papiers publics qu'on nous laissait lire de tems-en-tems, ne nous permettaient pas de conserver le moindre doute sur l'irrévocable proscription que les forcenés, qui gouvernaient alors, avaient jurée contre tous les nobles, et à plus forte raison, contre notre famille et contre nous. Leur haine s'étendait même jusqu'aux enfans, qu'ils désignaient sous le nom de *Louveteaux*, et auxquels ils déclaraient qu'ils ne feraient aucun quartier. Ainsi donc, nous ne pouvions pas même conserver l'espoir d'être épargnés en faveur de notre âge, ni parconséquent nous faire la moindre illusion sur le sort qui nous menaçait. Mais, comme je l'ai déja dit, nous étions parvenus à l'envisager avec un calme si parfait, qu'il approchait beaucoup de l'insouciance. Aussi, nous nous trouvions l'esprit assez libre, pour pouvoir goûter la lecture, et nous y livrer pendant la plus grande partie du jour; ce qui était pour nous une ressource incalculable, et dont nous aurions été privés, si nous n'avions pas réussi à éloigner les horribles idées que notre situation faisait naitre si naturellement. Nous étions, ainsi que je crois l'avoir déja dit, abonnés chez un libraire, dont on nous permettait de recevoir les livres, après qu'on leur avait fait subir l'examen par lequel passait tout ce qui devait nous être remis. Nous consacrions donc nos tristes journées à la lecture, et à la très courte promenade qui nous était accordée sur une terrasse d'environ *quatorze pieds quarrés*, au sommet de la Tour. J'ai oublié de dire que, par un article de l'arrêté qui nous confinait dans ce triste séjour, il nous était expressément défendu de voir qui que ce fût au dehors, et il était enjoint à notre domestique de se constituer prisonnier dans la Tour, s'il voulait continuer à nous servir, ou de sortir à l'instant du fort, pour n'y plus rentrer, s'il ne se souciait pas de souscrire à cette condition. Ce domestique était un Limousin nommé Coste, qui nous apportait notre dîner de chez le traiteur, et nous l'avions pris à notre service, depuis le départ de Gamache qui avait suivi mon père. Coste aimait l'argent, et une promesse de lui donner tous les mois trente francs, (en assignats qui perdaient beaucoup) indépendamment des quarante cinq francs que le Département lui donnait pour nous servir, le détermina à accepter la condition, et à s'enfermer avec nous. J'étais étonné qu'on pût faire un pareil sacrifice pour de l'argent, et surtout pour aussi peu d'argent. Nous avons eu lieu de penser, depuis, qu'il espionnait, et rendait compte de

1793.

1793.

ce que nous disions à Messieurs du Département, et de la Municipalité, et même nous le surprîmes un jour, écoutant à la porte, ce qui nous détermina à le congédier ; mais ce ne fut que longtems après, car il passa six mois entiers avec nous dans la bienheureuse Tour. Assurément la vie qu'il y menait, était aussi parfaitement triste et ennuyeuse, qu'on peut se le figurer ; car il ne savait ni lire, ni écrire, et n'avait d'autre occupation, après celle de faire nos lits, et de nous servir à table ce qui n'était pas long, que de manger et de boire, ce dont il s'acquittait fort bien. Il passait le reste du tems sur la terrasse, où il avait toujours une conversation établie avec la sentinelle, lorsqu'on voulait bien la lui accorder, ce qui arrivait ordinairement : il s'enyvrait régulièrement tous les soirs, et il avait en général, ce qu'on appelle *le vin mauvais*. Aussi, dès que l'ivresse se manifestait, nous l'envoyons toujours coucher, ce qu'il faisait, en grognant beaucoup. Il couchait en bas dans l'endroit où j'avais été enfermé pendant trois mois avec Gamache ; car ces Messieurs avaient bien voulu nous accorder, par leur arrêté, la *jouissance* des deux cachots de la Tour ainsi que du petit escalier, qui menait de l'un à l'autre, et aboutissait à la terrasse, dont la porte n'était ouverte que pendant le jour. On la fermait le soir au coucher du soleil, et on allait l'ouvrir le lendemain matin. On relevait, toutes les deux heures, la sentinelle qui était en haut, et bien souvent le Caporal et les Soldats entraient dans notre triste séjour, pour y satisfaire leur curiosité en nous regardant. Ces importunités devenaient si fréquentes et si odieuses, que nous sollicitâmes et obtînmes la permission de fermer notre porte en dedans, avec un petit crochet que nous y fîmes placer. Cette précaution ne put nous débarasser des rondes de jour de Messieurs les Officiers de garde : quant à celles de nuit, nous nous dispensions d'aller leur ouvrir, et ils n'insistaient pas ordinairement. Il y en eut un, cependant, qui venant nous rendre sa visite à minuit,

s'obstina à frapper à **la** porte à coups redoublés. Je
m'éveille en sursaut, et demande ce qu'on veut. On
répond, " Ronde de nuit."—" Citoyen, nous sommes
" couchés, et on veut bien ordinairement nous laisser
" dormir en repos."—" Ouvrez la porte ! il faut que
" j'entre."—" Nous vous l'ouvrirons demain, mais à pré-
" sent, nous sommes couchés, et nous vous prions de nous
" laisser dormir."—"Si vous ne l'ouvrez pas sur-le-champ,
" je m'en vais la faire enfoncer."—" Faites la donc
" enfoncer, Citoyen ; car nous ne l'ouvrirons certaine-
" ment pas maintenant."—Sur cela, il s'en alla, en faisant
mille menaces que sa fureur lui inspirait. Il revint à
cinq heures du matin, mêmes menaces, et mêmes
réponses. Enfin, il revint à neuf heures, pendant que
nous étions à déjeûner ; son extrême malhonnêtcté nous
avait déterminés à ne pas lui ouvrir du tout, et à attendre
jusqu'à midi, qu'on vint le relever ; mais pour se procurer le plaisir qu'il poursuivait avec tant d'achar-
nement, il s'avisa d'un expédient. Ce fut de contrefaire
la voix du Commandant du Fort, qui était depuis très
peu de tems en place, et qui, sans pouvoir changer notre
position, était venu nous voir, et nous avait témoigné
beaucoup d'intérêt et de bons sentimens ; croyant que
c'était lui, qui venait nous rendre visite, nous nous
empressâmes d'aller ouvrir ; mais nous fûmes cruellement
désappointés, en voyant entrer un homme qui nous
était parfaitement inconnu, et qui se jetta sur nous le
sabre à la main, avec toutes les démonstrations de la
fureur.—" Je vous apprendrai," s'écria-t-il, " ce que c'est
" que de vouloir résister à un Républicain !"—Un Sergent qui le suivait, le retint, en lui disant. " Mon
" Officier, laissez ces malheureux jeunes gens : ce serait
" une lâcheté, que de les attaquer dans l'état où ils
" sont !"—" Non," répondit-il, " ce sont de f . . . aristo-
" crates, et il n'y a rien qu'ils ne méritent !"—" Eh bien,
" misérable !" lui criâmes nous, "exercez votre valeur sur
" deux prisonniers sans défense : votre grand sabre et

" vos menaces ne nous intimident nullement."—" Sois
" tranquille," répliqua't-il en m'adressant la parole, et en
me tutoyant révolutionnairement, " la guillotine m'épar-
" gnera la peine de t'arranger comme tu le mérites : rap-
" pelles toi seulement le sort qu'ont éprouvé tes parens,
" et trembles, car ce sera le tien ! En attendant, le
" rapport que je vais faire au Représentant du Peuple,
" pourra bien l'accélérer. Adieu."—Et il s'en alla.
Quelques momens après, le Commandant vint nous voir,
et sans que nous lui en parlassions, nous assura que,
pour prévenir le mauvais effêt que pourrait produire le
rapport de ce misérable, il allait en faire un dans lequel
il raconterait la chose comme elle s'était passée, et
demanderait que le lâche, qui avait insulté de la sorte
et de propos délibéré, les prisonniers qui étaient sous sa
garde, fût réprimandé comme il le méritait. Nous le
priâmes de renoncer à ce projet, et de se contenter
simplement du récit exact du fait, ce qu'il nous promit.
Nous n'entendîmes plus parler de cette affaire, et nous
ne revîmes jamais ce misérable. Nous apprîmes seulement, par ceux de ces camarades qui furent de garde
après lui, qu'il avait été jadis, ce qu'on nommait
Aboyeur, à la porte des spectacles (1), je leur dois
même la justice d'ajoûter, qu'ils nous en parlèrent avec
un profond mépris, et nous assurèrent qu'ils étaient tous
indignés de sa conduite à notre égard. Nous les
remerciâmes de leur politesse qui paraissait sincère, et
qui parconséquent nous faisait plaisir, et nous les
assurâmes à notre tour, que les insultes de cet *aboyeur*,
n'avaient produit sur nous qu'une très légère impression.
Le Département avait, depuis notre arrivée à Marseille,
et par ordre de la Convention, payé tous les mémoires du
traiteur qui nous fournissait à manger. Il s'avisa tout
d'un coup de supprimer ce payement, et de taxer notre
nourriture à vingt quatre francs en assignats, par jour, ce

---

(1) C'est-à-dire, qu'il appellait les voitures.

ce qui équivalait alors à huit francs en argent. Ces huit francs passaient par les mains du traiteur, qui nous nourrissait fort mal, et qui en gardait la moitié. Nous fîmes, à ce sujet, de vives représentations *à nos tuteurs*, et nous obtinmes enfin, que l'argent nous serait remis, au lieu de l'être au traiteur, et que nous pourrions avoir un *pot au feu*, dans notre Tour, et faire faire la cuisine par notre domestique. Cet arrangement nous convenait d'autant mieux, que nous n'avions pas un denier, et que toute modique qu'était la somme qu'on nous allouait pour trois personnes (nous deux et notre domestique), nous espérions économiser assez sur elle, pour payer notre blanchissage, et d'autres petites dépenses nécessaires. Le Département nous avait aussi fourni à chacun, une grosse capotte, une veste, un pantalon de molleton et de gros souliers. Ce costume était completté par un bonnet de poil dont la fourrure avait appartenu à des animaux domestiques. Indépendamment de tout cela, les Administrateurs nous avaient donné à chacun, une douzaine de chemises, dont la toile aurait été employée d'une manière beaucoup plus convenable, si on en avait fait des torchons de cuisine.—Equippés de la sorte, nous aurions eu grand tort de nous plaindre, et d'ailleurs la plainte aurait été parfaitement inutile : aussi n'en fîmes nous aucune. Cependant on nous avait laissé parvenir, je ne sais comment, une lettre de ma mère, dans la quelle elle nous annonçait qu'elle nous envoyait une somme de douze mille francs, que le négociant Rabaut était chargé de déposer dans les mains des autorités constituées, (le Département le District, et la Municipalité), pour qu'elles nous la fissent remettre partiellement, et de la maniere qu'elles le jugeraient convenable. Cette somme nous paraissait une ressource inépuisable ; mais nous doutions qu'elle pût arriver jusqu'à nous, et nos doutes n'étaient que trop fondés. Messieurs du District reçurent la somme, et jugèrent convenable de la confisquer sans rien dire. Nous ne sûmes positivement cette circonstance, que longtems après : car toutes nos demandes à ce sujet, restèrent alors sans réponse.

Nous nous décidâmes enfin à prendre notre parti sur cela, comme surtout le reste ; *à mettre notre vieux bonnet sur l'oreille* comme disent les soldats, et à tâcher de supporter patiament la cruelle vie, à laquelle nous étions condamnés, jusqu'à ce qu'on jugeât à propos de nous en débarasser. A l'exception de quelques épisodes, à peu près semblables à ceux que j'ai déja racontés, et de quelques redoublemens ou relâchemens de sévérité, selon l'humeur de nos gardiens, nous n'éprouvâmes aucun changement dans notre situation pendant tout le temps de ce triste hiver, ni, parconséqent, rien qui mérite une place dans ce récit. Je crois avoir seulement oublié de dire, qu'on nous permettait de lire des papiers publics, dans lesquels nous n'avions à apprendre que la mort de quelques personnes auxquelles nous portions intérêt ou affection, ou les nouvelles menaces et injures que les scélérats ne cessaient de vomir contre ceux qu'ils avaient proscrits. Nous n'ouvrions jamais ces horribles journaux, sans une répugnance qui cédait, cependant, à l'intérêt extrême de savoir quels étaient ceux dont nous avions à pleurer la perte, et si nos noms ne se trouvaient pas aussi sur la liste des proscriptions.

Vers le mois de Mars 1794, nous apprîmes qu'il venait d'arriver à Marseille, un Représentant du peuple muni des pouvoirs les plus étendus, et qui avait annoncé l'intention de réparer l'injustice de ses prédécesseurs. Ce Représentant était Maignet, dont le nom est devenu, depuis, si fameux dans le midi, par les cruautés atroces qu'il y a commises, mais qui alors, n'était point, ou presque point connu. On espérait donc quelque soulagement de ce nouveau venu : car il faut toujours qu'on espère ! quant à nous, sans nous livrer à l'espérance, et malgré notre dégoût pour les pétitions, nous nous déterminâmes à en risquer une bien courte, dans laquelle

ñous exposions au *Citoyen Représentant,* " que le
" décrêt qui nous privait de notre liberté, portait que
" nous serions détenus, *dans les forts et châteaux de*
" *Marseille,* mais point du tout ensévelis dans un cachot,
" comme celui dans lequel nous gémissions depuis plus
" de neuf mois ; que nous réclamions l'exécution de ce
" décrêt qu'on avait observé seulement à l'égard de
" M. le Prince de Conty et de notre tante, et qu'on
" avait outrepassé à notre égard, d'une manière si cruelle
" et si injuste."—Cette pétition n'eut pas un sort plus
heureux que les précédentes, et on ne daigna pas y
faire la moindre réponse ; mais voici la manière, dont
on imagina *d'y faire droit* selon l'expression ironique
qu'il employa).—Ce fut le 3 Avril, environ trois
semaines après l'envoi de notre pétition, que nous
fûmes réveillés en sursaut à cinq heures du matin, par
des coups redoublés qu'on frappait à notre porte ; (j'ai
déja dit que nous avions obtenu la permission de fermer
cette porte en dedans). " Qui frappe," nous écriâmes-
nous, " et que nous veut-on ?"—" C'est moi," répondit
alors une voix que nous reconnûmes, sans peine pour
celle de M. le Prince de Conty ; " c'est moi, *Citoyens!*
" on vient m'enfermer avec vous !"—Je crus entendre
m'emmener avec vous, et je ne doutai pas que ce ne
fût pour nous conduire ensemble au Tribunal Révolutionnaire. J'allai ouvrir, et malgré les sinistres idées dont
j'étais rempli, j'eus réellement besoin de me faire violence, pour contenir l'extrême envie de rire, qui s'em-
para de moi, en voyant l'étrange apparition qui se pré-
sentait. Il me serait impossible de donner une idée de
la figure de M. le Prince de Conty, la tête couverte de
papillottes, un petit chapeau à trois cornes horisontales
par dessus, joignant à ses grimaces ordinaires, celles de
la circonstance, et dardant sa canne en avant en criant :
" Quoi, malheureux, c'est ici !" Il était suivi par son
vieux et fidèle valet-de-chambre, Jacquelin, et par un
Garde-de-Ville, dont l'air insolent justifiait le choix qu'on

1794.

3 Avril.
M. le
Prince de
Conty est
enfermé
avec nous
dans notre
cachot.

1794.

avait fait de lui, pour cette mission.—" Maintenant,"
dit ce dernier, en s'adressant à M. le Prince de Conty,
" il ne me reste plus qu'à faire venir ici votre lit et vos
" effets, et les ordres que j'ai reçus à votre égard, seront
" alors entièrement exécutés."—"On veut donc me faire
" mourir à petit feu," s'écria-t-il ! " eh bien, soyez tran-
" quille, cela ne sera pas long ! je serai bientôt étouffé
" dans cet horrible lieu. Mais, malheureux jeunes-
" gens," (continua-t-il, en s'adressant à nous), " comment
" avez-vous pu vivre ici pendant dix mois ?" Nous ne
répondîmes à cette question, qu'en l'assûrant du regret
que nous avions de le voir condamné à partager notre
rigoureux sort. Il se mit à pleurer, et s'asséyant ensuite,
il resta quelque tems, plongé dans une profonde médi-
tation ; puis, tout à coup, " Jacquelin," s'écria-t-il,
" quel quantième du mois, est-ce aujourd'hui ?"—
" Monseigneur, c'est le 3 Avril."—" Vous ne savez ce
" que vous dites, car c'est le 10."—" J'ai l'honneur de
" vous assûrer, Monseigneur, que c'est le 3."—" Je vous
" dis que c'est le 10."—" Monseigneur, ce n'est que le
" 3."—Et chacun persistait dans son opinion ; cette
dispute, qui au reste, ne se passait qu'entre les dents,
aurait pu durer plus longtems, si je n'y avais mis fin, en
certifiant que l'almanach donnait gain de cause à Jacquelin, et que c'était en effet le 3 Avril. Nous ne pouvions pas revenir de l'étonnement que nous avait causé
l'arrivée de notre malheureux parent ; mais nous n'ôsions
lui faire aucune question à cet égard, de peur d'augmenter
son chagrin. Le voyant plongé dans un accablement
total et inquiétant ; nous l'invitâmes à aller prendre
l'air sur la terrasse, au dessus de la Tour, où on nous
permettait de passer quelques heures, en présence d'une
sentinelle ; il y consentit, et l'air parut effectivement lui
faire du bien. A peine fut-il un peu remis, qu'il nous
prit tous deux à part, et nous dit aussi bas qu'il put (ce
qui ne l'était guères : car sa voix gémissante perçait
toujours malgré lui.) " Messieurs, je ne vous cache pas

" que noùs sommes perdus, et je dois vous dire même, 1794.
" que nous n'avons pas vingt-quatre heures à vivre!
" On ne m'enferme ici avec vous, que comme on
" enferme des bœufs et des moutons, lorsqu'on est
" au moment de les égorger. Vous voyez bien ce
" vaisseau là !" (continua-t-il, en nous montrant avec
sa canne un vaisseau dans le port), " eh bien ! ce sera
" le lieu de notre supplice; c'est là qu'on va nous
" mettre, pour nous noyer, au moyen d'une soupape,
" aussitôt que nous serons sortis du port: c'est comme
" je vous le dis, vous pouvez y compter." Ce discours
nous fit craindre que notre vieux parent ne radotât
tout-à-fait: car, quoique nous fussions bien persuadés que
notre mort était résolue depuis longtems, aurait-on confié
à une des victimes, quels étaient le lieu, l'époque, et le
genre de supplice qu'on leur réservait? Cela n'était
assurément pas probable, et il nous parut beaucoup plus
naturel de croire que ce terrible projet n'avait été
enfanté que par la peur de notre vieux compagnon
d'infortune. La suite prouva que nous avions raison.

Vers midi, on apporta les lits de M. le Prince de
Conty, et de Jacquelin, ainsi qu'un grand fauteuil,
une commode remplie d'effets, et une chaise percée.
A la vue de ce dernier meuble, il nous demanda
pardon de son introduction, en nous assûrant qu'il
ne pouvait pas s'en passer, n'ayant jamais pu s'accoutumer à aller aux latrines, et surtout à celles d'un cachot.
Puis adressant la parole au secrétaire du commandant
du Fort, qui accompagnait ces effets: " N'est-il pas
" affreux, Citoyen Pigneux, de nous empiler ainsi dans
" cet abominable trou, comme des bêtes qu'on va mener
" à la boucherie, et de mettre le comble au malheur
" de ces jeunes gens, en leur envoyant un vieillard in-
" firme, qui va être, malgré lui, leur fléau, et qui va les
" empoisonner par les infâmes cochonneries qu'il sera
" obligé de faire en leur présence?" Le ton et les

1794.

grimaces, dont cette belle harangue fut accompagnée, ne nous permirent pas de garder plus longtems notre sérieux, et nous éclatâmes avec d'autant plus de force, que nous avions mis plus d'application à nous contenir. Le pauvre M. le Prince de Conty ne s'en déconcerta pas du tout, et continua à déclamer sur le même ton, jusqu'à ce que le Citoyen Pigneux l'eût assuré d'un air mielleux et hypocrite (1), qu'il était sincèrement touché de sa position, mais qu'il n'y pouvait malheureusement rien, et que c'était au Représentant, qu'il devait s'adresser. Il ajoûta qu'il était chargé de lui annoncer que son valet-de-chambre, Jacquelin, ne pourrait rester auprès de lui, qu'en se constituant prisonnier, mais que son autre valet-de-chambre, Courvoisier, pourrait aller et venir pour ses commissions, pourvu qu'il se soumît à subir, en entrant et en sortant, l'examen nécessaire. Jacquelin déclara qu'il n'abandonnerait jamais son maître. Celui-ci, l'en remercia avec attendrissement, mais lui dit ensuite : " Vous ne savez pas, Jacquelin, jusqu'où va le sacrifice " que vous me faites. Apprenez qu'on commet un crime, " en témoignant de l'attachement à un être proscrit " comme moi ; et vous êtes un homme perdu !"— " Hélas ! Monseigneur," reprit l'autre, " pourquoi vous " désespérez vous ainsi ? votre position est affreuse, j'en " conviens, mais permettez moi de vous dire que vous " vous en exagérez les dangers."--C'est ainsi que ce brave homme tâchait de rassûrer son vieux maître, envers lequel il observait toujours des formes aussi respectu- euses, que si son sort et sa fortune n'eussent éprouvé aucun changement. Il n'en était pas de même de Courvoisier, qui semblait avoir renoncé à toute espèce de bienséance dans son language et ses manières. Il rendit cependant

---

(1) Ce Pigneux avait été d'abord du parti anti-jacobin, et mis en prison comme tel, à l'arrivée de Carteaux, à Marseille.—Il avait ensuite obtenu sa liberté, mais la peur et l'intérêt, l'avaient rendu un des plus zélés servi- teurs des scélérats qui gouvernaient alors.

quelques services assez importans à M. le Prince de Conty, mais au bout de quelque tems, il l'abandonna, et s'en retourna à Paris.

La première nuit que le pauvre Prince de Conty, passa dans notre triste séjour, fut employée, d'un bout à l'autre, par un dialogue continuel entre lui, et son valet-de-chambre, qui, cependant, s'endormait de tems-en-tems, et ne répondait à demi, qu'après deux ou trois appels.—Quant à nous-deux, Beaujolois et moi, le bruit et la lumière nous empêchèrent de fermer l'œil, et nous ne perdions rien de leur conversation. Quelques fois, nous entendions : " Jacquelin, ces Messieurs, dorment-" ils ?"—" Je le crois, Monseigneur."—" Comment peut-" on dormir dans cet exécrable lieu ?" Il faisait sonner sa montre ; puis un moment après : " Jacquelin, j'entends " du bruit ; on vient sans doute nous égorger." Enfin, nous nous étions assoupis, un peu avant la pointe du jour, lorsque nous fûmes réveillés en sursaut par les cris de M. le Prince de Conty. " Messieurs ! Messieurs ! " levez-vous ! j'entends des gens armés qui montent le " petit escalier, et Dieu sait ce qu'ils nous veulent !" Nous le rassurâmes bientôt, en lui disant que c'était le Caporal de garde, qui allait, selon l'usage, ouvrir la porte de la terrasse, une heure après le lever du soleil, et y poser une sentinelle. Ses inquiétudes et ses allarmes étaient si fréquentes et si vives, qu'il me paraissait impossible que sa tête y résistât longtems, et qu'elle tardât à s'aliéner totalement. Cependant il eut le bonheur de la conserver intacte (physiquement et moralement) pendant les trois mois qui s'écoulèrent depuis ce moment, jusqu'à la mort de Robespierre, qui n'eut lieu qu'à la fin de juillet de cette année 1794 ; mais les sujets d'inquiétude ne devinrent pendant cet espace de tems que plus fréquens et plus terribles. Il employa les premiers jours de sa réclusion dans la Tour, à écrire pétition sur pétition, et le tout en pure perte. Cette occupation avait cependant l'avantage d'employer une partie de sa journée, et il en passait ordinairement le reste sur la terrasse. Le soir, il redescendait dans ce qu'il appellait, avec raison, *son tombeau*, et après le souper qui était son principal repas, et qu'il allongeait le plus qu'il pouvait, il nous contait assez souvent des histoires de son jeune tems. Ensuite Jacquelin lui mettait ses papillottes, cérémonie qu'il ne manqua jamais d'observer une seule fois, quoique le genre de sa nouvelle demeure semblât devoir l'en dispenser.

J'ai, je crois, oublié de dire que la manière dont le Représentant Maignet, avait jugé à propos de *faire droit* à notre pétition, avait été de rendre un arrêté, portant que tous les membres de la famille Bourbon détenus dans le Fort St. Jean, seraient enfermés ensemble dans la Tour du dit Fort, sans aucune distinction de traitement. Ce fut en vertu de cet arrêté qu'on y amena notre malheureux parent ; et ma tante allait y être conduite aussi, lorsque ses pleurs lui firent d'abord obtenir un sursis à l'exécution de l'arrêté, à condition qu'elle n'en sortirait plus pour se promener dans le Fort, comme elle le faisait auparavant. Revenons à ce qui se passait dans notre triste Tour.

Ma tante ne devant plus y venir, M. le Prince de Conty, s'établit avec Jacquelin dans le cachot d'en bas, et nous laissa l'entière jouissance de celui d'en haut. Nous étions cependant presque toujours ensemble, excepté la nuit, et le tems qu'il employait à sa toilette, ce qui n'était jamais moins de deux ou trois heures. Un matin que Beaujolois et moi, nous nous promenions sur la terrasse, nous vîmes pour la première fois passer sur le port la *procession de la Décade*. Elle était formée par douze ou quinze polissons, vétus en Romains, qui portaient les bustes de Brutus, de Marat et de Lepelletier, ainsi qu'une énorme *montagne* en plâtre. Tous les Corps administratifs suivaient pompeusement cette ridicule mascarade ; ils étaient accompagnés d'une foule de badauds qui s'égosillaient à crier : " *Viva*

" *la Républico, et la Montagno !*" Pensant que cette
nouveauté pourrait amuser un moment notre vieux
compagnon d'infortune, nous descendîmes pour l'en
avertir, et lui proposer de venir voir cet étrange spectacle.
Nous le trouvâmes en robe de chambre de damas
cramoisi à grands ramages, un bonnet de nuit à ruban
sur la tête, et paraissant fort allarmé de notre visite,
quelque simple qu'en fût le motif, " *qué procession ? qué*
" *Diable ?*" nous demanda-t'-il, d'un air effrayé : " je ne
" me soucie pas du tout de voir çà ; mais, Messieurs,
" peut on s'en dispenser ?"—Nous l'assurâmes que rien
n'était plus facile, et que nous n'étions venus lui en faire
part, que parceque la chose nous avait paru assez
curieuse, pour qu'il fût bien aise de la voir. " Si cela
" est ainsi," nous dit-il, " je vous suis bien obligé, et
" je vais monter avec vous sur la terrasse." Il y vint
en effêt, dans le costume que je viens de décrire,
avec une grande lunette qu'il braquait sur le port, en
criant : " où sont-ils ? où sont-ils ?"—Cette figure était
si parfaitement comique, que, non seulement la sentinelle ne put pas y tenir, et éclata en le voyant, mais que
l'envie de rire gagna aussi tous les Soldats qui étaient au
pied de la Tour, et ceux qui étaient au pont levis.
Heureusement le bon-homme était si occupé de la procession de la Décade, qu'il ne remarqua point l'effêt que
produisaient, sa robe de chambre, son bonnet de nuit,
ses pantoufles et son air effaré.

Au bout d'environ dix ou douze jours, Courvoisier,
l'autre valet-de-chambre de M. le Prince de Conty,
dont j'ai déja parlé, vint lui annoncer, qu'à sa solli-
citation, l'Administration du Département avait nommé
des Commissaires pour examiner notre prison, et
pour nous transférer dans un endroit plus sain et
plus habitable, s'ils la trouvaient aussi affreuse qu'il
la leur avait décrite. " Je leur ai dit," ajouta-t'-il,
" qu'on ne voyait goutte dans votre Tour, et qu'il y
" règnait une telle humidité, que vous étiez toujours

" obligés d'y faire du feu, malgré la fumée dont vous
" étiez étouffés ; ainsi, pour confirmer mon rapport,
" ayez soin demain, lorsqu'ils viendront, d'augmenter
" la fumée à tel point, qu'ils en soyent eux mêmes
" suffoqués !",—Conformément à cet avis, nous ne
manquâmes pas, le lendemain, d'augmenter la dose
ordinaire de fumée, par tous les moyens possibles. M. le
Prince de Conty criait : " Messieurs, messieurs, faites
" du feu partout! enfumons nous! enfumons nous!"
et nous y réussîmes si bien, que nous aurions été étouffés,
si nous n'avions pris le parti d'aller respirer sur la terrasse, jusqu'au moment de l'arrivée des Commissaires.
Ces messieurs firent leur entrée dans la Tour, vers midi.
Ils étaient accompagnés du Commandant de la Place,
nommé Vouland, ancien militaire, qui, quoique jacobin,
avait conservé des manières honnêtes, et un extérieur
tout différent de celui des *Citoyens Commissaires.*
Quant à ces derniers, leur ton et leurs manières étaient
parfaitement conformes à ce qu'on devait attendre d'eux.
" *Eh ben!*" dirent ils, en entrant, " *Vous vous trouvez*
" *don ben mal ici?*"—"Citoyens," répondit M. le Prince
de Conty, " jugez en vous mêmes ; cet affreux caveau
" doit-il être l'azyle d'un malheureux vieillard, qu'on ne
" peut accuser de rien ?" " *Il ne s'agit pas ici d'accu-*
" *sation ; la Convention-Nationale a ordonné ta déten-*
" *tion, Conty, et celle de ta famille, comme mesure de*
" *sûreté générale : elle a eu ses raisons pour le faire,*
" *et nous n'y pouvons rien ; quant à ce lieu-ci, il n'est*
" *pas beau, mais il est sûr ; et il y en a de ben plus*
" *mauvais encore, je t'en réponds!*"—" Citoyens, tout ce
" que je puis vous dire, c'est que si vous me condamnez
" à y rester, vous me condamnez à la mort : car je sens
" que je ne résisterai pas longtems à l'horreur de ce
" séjour."—" Eh," s'écria l'un de ces Commissaires,
" ce vieux pleureur peut-il attacher tant de prix à vivre
" encore quelques jours de plus? et s'il souffre, ne devrait-
" il pas se réjouir au contraire, de voir bientôt terminer

" ainsi toutes ses souffrances?"—Cet affreux propos, 1794.
dont je ne perdis pas une syllabe, ne fut heureusement
pas entendu par notre vieux parent qui, dans ce moment,
pleurait et gémissait. (1)—" Mais," reprit l'un de ces
Messieurs," ces deux jeunes gens, ont bien vécu ici
" dix mois !"—" Oui," m'écriai-je, " et de telle manière,
" que je demanderais la mort, plutôt que d'être con-
" damné à passer ici le même espace de tems! Nous
" n'avons jamais cessé de réclamer contre l'injustice et
" la cruauté du traitement qu'on nous faisait essuyer.
" Nous imaginons que nos plaintes ne vous sont pas
" parvenues, et nous nous réjouissons maintenant de
" pouvoir vous les adresser nous-mêmes, espérant que
" vous nous délivrerez enfin de l'affreux séjour où nous
" languissons depuis si longtems."—" *Nous verrons si*
" *çà se peut; y a effectivement ben de la fumée ici ;*
" mais il ne tiendrait qu'à vous de n'en pas avoir : vous
" n'avez qu'à ne pas faire de feu."—"Eh mais, Citoyen,"
dit M. le Prince de Conty, " considérez donc l'humidité
" de ces voûtes et de ces noires murailles, et l'air infect
" qui règne toujours ici !"—Ils chuchotèrent quelques
momens ensemble, puis ils nous dirent : " Si nous pou-
" vons trouver un autre local aussi sûr que celui-ci, et
" où vous soyez mieux, nous vous y transfèrerons : en
" attendant, tâchez de prendre patience ! Bon jour,
" Citoyens !" et ils s'en allèrent.—" Hé bien ?" me dit
M. le Prince de Conty, lorsqu'ils furent partis, " croyez-
" vous que ces gens là nous fassent sortir d'ici ?"—
" Hélas," lui répondis-je, " il m'est impossible de

---

(1) Ceci me rappelle qu'une autre fois, recevant une visite du même
genre, des Commissaires de la Municipalité, ou du Département, M. le
Prince de Conty ayant cru devoir les saluer, et les remercier de je ne sais
quelle permission insignifiante, qu'ils lui avaient accordée, ils s'écrièrent :
" point de remercimens, point de révérences, Conty ! tout cela est de
" l'ancien régime, et nous n'en voulons plus."—" Hélas !" répondit notre
malheureux parent, " une habitude de soixante ans, ne se perd pas en un
" moment !"

" compter beaucoup sur leurs promesses; mais il ne " faut désespérer de rien!"—J'espérais bien peu, moi même, et j'avais tort. Il y avait dans le fort, parmi les endroits habitables et décens, une suite de cinq ou six petites chambres qui ne recevaient le jour que d'un corridor, percé de six grandes fenêtres. Ces chambres composaient, avant la Révolution, l'appartement du Major de place, ou Commandant en second du fort; et c'était là, où on avait mis M. le Prince de Conty et ma tante, dans le même tems où on jugea à propos de nous enfermer dans la Tour. On leur avait donné ensuite d'autres logemens, et on avait fini en dernier lieu, par faire partager à M. le Prince de Conty, notre triste domicile. Les Commissaires allèrent examiner ces chambres, et après une mûre délibération, ils décidèrent, qu'en faisant murer trois fenêtres, griller les trois autres, murer une des deux issues du corridor, et établir à l'autre, une grosse porte munie de trois verroux, d'une forte serrure, et gardée par une sentinelle, *il n'y aurait pas d'inconvénient* à nous y transférer. Courvoisier s'empressa de venir nous faire part de cette décision, et quelque peu avantageuse qu'elle eut pû paraitre à d'autres, nous en éprouvâmes, Beaujolois et moi, la joie la plus vive. Il fallait réellement avoir passé dix mois dans un lieu aussi obscur que celui où nous étions enfermés, et même avoir presque désespéré d'en jamais sortir, pour se trouver heureux d'être transférés dans un logement muré, grillé, vérouillé, et rendu par les soins obligeans de Messieurs les Commissaires, aussi sombre et aussi désagréable que possible. M. le Prince de Conty, quoique d'abord assez satisfait, fut cependant loin de partager nos transports. " Ce logement," disait-il, " était déja sombre par lui-même; mais grand Dieu! " que sera-ce, lorsqu'on en aura muré trois fenêtres, et " grillé les trois autres?"—" Mais," lui observions nous, " songez donc au lieu où vous êtes, et estimez vous " heureux d'en sortir, à quelque prix que ce soit."—Il convenait qu'il était difficile de ne pas gagner beaucoup au change, quelqu'il fût, et nous formions ensemble des vœux ardens, pour que l'opération de *murage, et grillage* de notre futur séjour, fût promptement achevée. Nous examinions tous les jours du haut de notre Tour, les progrès que faisaient ces travaux, et M. le Prince de Conty qui avait de l'argent, faisait donner souvent des pour-boires aux ouvriers, pour que la besogne allât plus vite. " N'est-il pas affreux," disait-il, " de payer pour " accélérer la fabrication de sa propre *cage* et de sou- " pirer après le moment où elle sera assez *barreautée* " *et cloturée,* pour qu'on veuille bien vous y mettre ?" Enfin au bout d'environ trois semaines, ce bienheureux moment arriva. Les Commissaires, qu'on avait instruits de l'exécution complette de leurs ordres, vinrent nous chercher, pour nous mener dans notre nouvelle *cage,* et nous sortîmes le 1 de May, 1794, de l'horrible Tour, où nous étions entrés le 1 de Juin, 1793. " Quoi ! nous " sommes dehors de cet infernal séjour, et nous n'y " rentrerons plus !" .... Nous ne pouvions croire à la réalité d'un pareil bonheur, et nous éprouvions une sensation indéfinissable, en foulant à nos pieds, le peu de terre et d'herbe, sur lesquelles il fallait passer, pour arriver à notre nouvelle demeure. Cette demeure n'était assûrément pas brillante ; mais elle nous parut un vrai Palais. Ces chambres étaient petites et assez sombres ; mais en sortant de l'enceinte de ces affreuses murailles noires, ornées de gros anneaux, et surmontées d'une lugubre voûte, ne devait-on pas se trouver à merveille, dans une chambre, quelle qu'elle fût? Aussi en fûmes nous enchantés ! Nous laissâmes à M. le Prince de Conty, en raison de son âge, le choix du loge- ment, et nous nous établîmes ensuite, dans les deux chambres qu'il nous laissa, partageant avec lui la jouissance d'une troisième chambre dont nous fîmes une cuisine.

Nous étant toujours méfiés de notre domestique (1) Coste, qui était yvre les trois quarts du tems, et que nous avions surpris écoutant à notre porte, nous le congédiâmes, et nous prîmes à sa place un nommé Louis qui, lorsque nous étions nourris par le traiteur, nous apportait notre dîner de chez lui, et qui, depuis notre nouvel établissement de cuisine, s'était chargé de nous la faire lui-même, ce dont il s'acquittait tant bien que mal, mais honnêtement. Louis avait la permission d'aller et de venir pour nos commissions, ainsi que Madeleine servante et cuisinière de M. le Prince de Conty, son mari nommé François, qui faisait aussi les commissions de M. le Prince de Conty, et le fidèle Jacquelin. Tous étaient fouillés, en entrant et en sortant, tantôt faiblement, tantôt pas du tout, selon la méchanceté, le caprice, ou la bienveillance des soldats qui nous gardaient, et qu'on relevait toutes les vingt-quatre heures. Il y avait des bataillons presqu'entièrement composés de bonnes gens, qui ne cherchaient qu'à adoucir la rigueur de leurs ordres, et qui nous témoignaient souvent combien ils souffraient de ne pouvoir se dispenser de les exécuter. D'autres, au contraire, ne cherchaient qu'à renchérir sur leur sévérité, et à nous tourmenter par leurs chansons révolutionnaires et les propos qu'ils tenaient entr'eux. Ces derniers étaient, heureusement, en bien moindre nombre que les autres, c'est-à-dire, parmi les troupes soldées, volontaires et autres, car les Garde-nationaux de la Ville étaien' tous mal intentionnés, attendu qu'on ne laissait d'armes qu'aux coquins ; mais depuis que la Ville avait été déclarée en état de siège, les Forts n'étaient plus gardés que par les Troupes régulières.

_____

(1) Ou plutôt notre *Agent ;* car le terme *Domestique,* avait été proscrit dans ce tems révolutionnaire, comme contraire au système d'égalité, et remplacé par celui d'*Agent.*

Il y avait sous les fenêtres de notre corridor, un petit jardin, (jadis celui du Major de Place) qui n'avait environ que vingt pas de long, sur sept ou huit de large, et qui était environné de murs. La jouissance de ce jardin faisait l'objet de notre ambition, et il ne pouvait y avoir le moindre inconvénient à nous l'accorder, puisqu'en faisant descendre en bas la sentinelle qui était à notre porte, nous nous trouvions aussi bien en prison, en bas qu'en haut, et nous avions l'avantage de respirer l'air, et de nous délier un peu les jambes. Cependant nous eûmes beaucoup de peine à l'obtenir, et ce ne fut qu'à force de présens au citoyen Pigneux, Secrétaire du Commandant du Fort, qui avait alors l'inspection des prisons, que nous arrachâmes cette faveur. C'était toujours M. le Prince de Conty qui faisait les frais de ces présens : car il avait de l'argent, ayant eu le bonheur d'emporter de Paris une très grosse somme dont il s'était sagement pourvu. Quant à nous, ce qu'on nous donnait était à peine suffisant pour nous procurer un peu de viande, (pas tous les jours, car elle était fort chère) quelques légumes, une bouteille de mauvais vin que nous payons cinq sous, et pour subvenir aux frais de chauffage et blanchissage. Il fallait en outre, payer la nourriture de Louis qui se contentait de nos restes, mais qui buvait un peu plus. Pour tout cela, nous n'avions que vingt-quatre francs en assignats, qui alors n'équivalaient plus qu'à environ six francs. Moins heureux que M. le Prince de Conty, je n'avais pu sauver de la bagarre, que douze louis qui se trouvaient dans ma poche, le jour de mon arrestation. On m'avait conseillé de n'en pas prendre davantage, en m'assûrant que tout ce que j'aurais me serait vraisemblablement ôté, en arrivant à Paris où je devais être conduit ; et que si, dans la route, on me fouillait (ce qui pouvait très-bien arriver) on ne manquerait pas de me faire un crime d'avoir sur moi, ce qu'on appellerait aussitôt, *"un moyen perfide de corruption."* Beaujolois n'avait absolument rien, lorsqu'on l'avait mis en prison (1), et mon malheureux père n'avait qu'une très petite somme, dont en partant, il nous laissa les faibles restes, formant à peu près *quatre ou cinq cents francs en assignats*, et par conséquent, en valeur réelle *six à sept louis*. Nous avions été obligés d'en dépenser une partie, et les seuls douze louis restaient intacts et sacrés, pour un cas d'urgente nécessité. M. le Prince de Conty, instruit de notre extrême pénurie, non-seulement nous pria de ne pas penser à contribuer aux présens qu'il faisait, (ce qui vraiment nous eût été impossible) mais nous força même à accepter le prêt d'une petite somme, que nous lui rendîmes peu de tems après, (ainsi que j'aurai occasion de le dire dans la suite) mais dont nous lui eûmes néanmoins une véritable obligation. Nous ne pouvions aller dans le petit jardin, qu'accompagnés par Pigneux qui venait nous chercher, quand bon lui semblait, faisait descendre la sentinelle à la porte du jardin, et restait avec nous le peu de tems que nous y passions, (environ deux heures par jour). Après quoi, il nous signifiait qu'il ne pouvait rester davantage, et nous renfermait. M. le Prince de Conty se permit de lui faire quelques observations, sur la briéveté du tems qu'il nous accordait, et sur l'incommodité des heures qu'il choisissait : car c'était souvent celles de nos repas, ou bien lorsque le soleil nous dardait à plomb sur la tête. Pigneux fit entendre qu'il n'accorderait rien de plus, à moins de nouveaux présens : il voulait des chemises de toile de Hollande. M. le Prince de Conty trouva que c'était trop dispendieux, et le débouta de sa demande, avec indignation ; mais il fut ensuite obligé de se rétracter, et d'accorder la toile de Hollande. Il nous disait lorsque nous étions seuls : " Il faut convenir " que ce Pigneux est un bien vil et plat coquin ! " Cependant nous sommes encore heureux d'avoir

____

(1) Il prenait une leçon dans le moment où on l'arrêta.

" faire à un homme aussi vénal."—" Oui," lui répondis-je, " pourvu que, prenant goût à la chose, il " ne s'avise pas de nous supprimer le peu qu'il nous accorde, pour nous le faire racheter encore, et nous tenir " toujours ainsi le pistolet sur la gorge, jusqu'à ce que " vous n'ayez plus rien à lui donner!" Ma crainte se réalisa en partie. Pigneux, las de ne plus rien recevoir, passait souvent des journées entières, sans venir nous chercher, et finit un jour par nous déclarer qu'ayant reçu de vifs reproches, de la part de personnages puissans, sur la permission qu'il nous accordait de nous promener dans le petit jardin, il se voyait forcé de nous la retrancher. Toutes nos observations ne produisirent aucun effet ; mais une douzaine de cravates opéra ce miracle, et nous eûmes accès au petit jardin, comme auparavant. " Mon argent," disait M. le Prince de Conty, " ne peut être employé d'une manière plus utile, " et tant qu'il durera, je n'y aurai aucun regret. Quand " je n'en aurai plus, nous étoufferons, ou nous mourrons " de faim ; ou plutôt on nous épargnera cette peine. Car " nous ne pouvons pas tarder à être expédiés. Vous, Mon- " sieur," me disait-il, " vous marcherez le premier ; car " étant plus près du Trône, on vous accordera les honneurs " du pas, mais je vous suivrai de près ; et quant à ce " jeune homme," (ajoutait-il, en montrant Beaujolois), " ces Messieurs le *recommanderont aux soins de* " *l'Apothicaire.*"—(horrible bon mot de Chabot, le Capucin, à l'égard du malheureux enfant, Louis **XVII!** qui mourut au Temple.)

Un déplorable évènement, dont nous reçûmes la nouvelle vers cette époque, redoubla toutes les craintes de notre vieux compagnon, et nous confirma dans l'idée que nous avions depuis longtems, du sort qu'on nous préparait. La mort de la vertueuse Madame Elizabeth! qui n'était fondée sur aucun prétexte plausible, ni même sur aucun intérêt apparent, ne nous permettait plus de douter que l'intention des monstres qui venaient

de l'égorger, ne fût de se défaire aussi de tous les membres de notre famille, qu'ils avaient en leur pouvoir.
Aussitôt que M. le Prince de Conty, eût reçu cette
fatale nouvelle, par un papier public, il s'empressa
de nous l'apporter (selon sa coutume) et ajoûta : " Mes-
" sieurs je vous le déclare, ceci est notre arrêt de mort : il
" n'y a plus personne devant nous, et nous ne pouvons
" plus tarder à marcher. Quant aux enfans, ils les
" empoisonnent tous ; vous, Monsieur, vous êtes déja un
" homme, et vous serez traité comme tel. Vous auriez
" dix-neuf ans dans un mois ; mais je vous prédis que
" vous ne les aurez pas ; non, vous ne les aurez jamais,
" c'est moi qui vous le dis. Vous êtes perdu : nous
" sommes tous perdus, sans ressource." Nous étions si
accoutumés aux jérémiades continuelles de notre malheureux parent, qu'elles ne nous faisaient plus une bien
forte impression, et quoique sentant, comme lui, toute
l'horreur de notre position, nous nous trouvions doués
d'un peu plus de nerf, et nous nous en servions pour
tâcher de diminuer ses craintes, en lui dissimulant les
nôtres. Nous convenions du danger auquel nous étions
exposés, mais nous nous rabattions sur le peu d'intérêt
que les gouvernans auraient à nous sacrifier, tant qu'il
existerait hors de France un aussi grand nombre de
membres de notre famille, d'autant qu'ils avaient déjà
confisqué tout ce qu'ils pouvaient nous prendre. Après
cela nous avions pour nous la chance des évènemens.
La guerre, par exemple, devenait très malheureuse pour
les Républicains ; ils venaient de perdre quatre places,
et si Cambray, qu'on disait au moment de se rendre,
tombait effectivement au pouvoir des alliés, la route de
Paris leur était ouverte, l'allarme la plus terrible allait
s'y répandre, et combien n'avions-nous pas à espérer
d'une pareille crise ?—" Oui," répondait-il ; " mais dans
" l'excès de leur rage et de leur désespoir, ils égorgeront
" les prisonniers, et nous ne serons pas les derniers à y
" passer." Malgré cela, les succès des alliés, lui don-

haient quelques espérances. Jacquelin, qui s'en était apperçu, non-seulement lui apportait toutes les nouvelles favorables qu'il pouvait recueillir, mais en fabriquait souvent, qui n'avaient pas le moindre fondement. Tantôt les Autrichiens étaient aux portes de Paris ; tantôt les housards Prussiens occupaient la Villette (1) ; tantôt la Convention était en fuite, le peuple de Paris s'était déclaré contre elle, avait ouvert toutes les prisons, arboré le drapeau blanc ! Enfin, il n'y avait sortes de contes que le bon-homme n'imaginât pour calmer l'esprit de son vieux maître qui réellement en avait besoin. Ce qu'il lisait dans les papiers publics n'était nullement de nature à diminuer son chagrin, et ses inquiétudes. Ils contenaient réguliérement chaque jour, la liste des victimes qu'on venait d'égorger à Paris, et auxquelles on ne manquait jamais de donner le titre *de conspirateurs.* Parmi ces prétendus conspirateurs, M. le Prince de Conty trouvait à chaque instant, des noms de personnes, auxquelles il s'intéressait plus ou moins, et souvent, d'anciens et intimes amis. Il nous apportait alors le fatal journal, et nous disait en pleurant : " Ils viennent " encore de faire périr un tel, un de mes meilleurs amis, " et qui, certes, ne se mêlait de rien (2)." Puis, il devenait pâle, et se promenait à grands pas en répétant : " Nous allons sans doute être expédiés bien prompte- " ment : car ces Messieurs ont déclaré guerre à mort, " à tous les ci-devans, et il parait qu'ils tiendront " parole." Je craignais toujours qu'il ne devint tout-à-fait fou, et il y avait réellement des momens où sa tête n'y était plus du tout. Il reprochait, par exemple, quelquefois à son vieux et fidèle Jacquelin, de ricaner en le regardant. Le malheureux en était sûrement bien

----

(1) Un faubourg de Paris.

(2) Car il croyait toujours que de ne se mêler de rien, devait sauver infailliblement.

1794.
Juillet.
Effroi de
M. le
Prince de
Conty.

loin ! quelque fois aussi, il se relevait au milieu de la nuit, et allait à la porte du corridor, écouter la conversation des sentinelles. Un soir, au commencement de juillet, dans le tems où le Représentant du peuple Maignet venait d'établir à Orange son infernale commission, nous étions occupés, selon notre habitude, à lire dans nos lits jusqu'à ce que le sommeil nous gagnât, lorsque nous fûmes tout-à-coup surpris par la visite de M. le Prince de Conty en robe-de-chambre et en bonnet de nuit ; l'effroi le plus marqué était peint sur sa figure : " Messieurs," nous dit-il en entrant, " c'en " est fait de nous : nous n'avons plus que quelques instans " à vivre ! Apprenez que nous partons demain pour " Orange !"—Revenus du premier moment de stupeur que nous causa cette terrible nouvelle, nous la révoquâmes en doute, et nous lui demandâmes d'où il la tenait.—" C'est," nous dit-il " la sentinelle de notre " porte, qui en faisait part à un de ses camarades, et je " l'ai entendu. Au surplus," ajouta-t-il, en adressant la parole à Beaujolois, " Vous qui avez encore l'air d'un " enfant, vous pourriez, en allant causer avec la senti- " nelle, vous en assûrer positivement, et venir nous le " dire ensuite ; de grâce, levez-vous, et allez y." Beaujolois se leva sur-le-champ, et s'y rendit. Le guichet de la porte était fermé, et au moment où il allait l'ouvrir pour parler à la sentinelle, il entendit quelqu'un qui donnait des ordres et reconnut la voix de Massugue, capitaine de l'artillerie du Fort, et terroriste enragé, dont le logement était tout'auprès du nôtre. Il s'arrêta aussitôt pour écouter. " Faites bien attention," disait-il à notre sentinelle, " aux prisonniers que vous gardez, car s'ils " s'échappent, vous êtes perdu. Si quelqu'un d'eux " paraît dans le corridor après minuit, faites le rentrer " dans sa chambre, et s'il n'y rentre pas sur-le-champ, " tirez dessus sans hésiter."—A ces paroles, succédèrent un chuchottement et un bourdonnement, auxquels Beaujolois, ne put rien entendre.—Puis, il distingua encore

la voix de Massugue, qui disait : " Demain, à quatre
" heures du matin, on viendra les chercher pour les
" conduire à Orange."—Ceci paroissait assez clair, et
Beaujolois n'en attendit pas davantage : il revint aussitôt,
et trouva M. le Prince de Conty causant avec moi.—"Je
" n'ai pas pu parler à la sentinelle," dit-il, en entrant,
" car Massugue était là, et je n'ai parconséquent rien
" appris, si ce n'est qu'il était défendu à la sentinelle de
" nous laisser promener dans le corridor, après minuit.
" Il serait inutile que j'y retournasse, car c'est un mauvais
" bataillon qui est de garde, et je ne pourrais rien tirer
" du soldat qui est à la porte." Alors, M. le Prince de
Conty s'en alla, après nous avoir souhaité une bonne
nuit, et en nous assûrant que la sienne serait bien
mauvaise. Aussitôt qu'il fut parti, Beaujolois me conta
la chose, telle qu'elle s'était passée, et me dit que la
crainte de plonger notre vieux parent dans le désespoir,
l'avait empêché de lui déclarer la vérité. " Quant à
" nous," ajouta-t'-il, " il y a longtems que nous avons
" pris notre parti sur le sort qui nous attend ; et comme
" il était à-peu-près impossible que nous y échappassions,
" nous ne pouvons guères nous affliger de voir bientôt
" terminer ainsi toutes nos souffrances."—Cette façon de
penser était la mienne, et après la lui avoir aussi exprimée,
nous cessâmes de parler, et nous tombâmes, chacun
de notre côté, dans d'assez noires réflexions. Vers
minuit, nous entendîmes ouvrir la porte du corridor ; et
à la lueur d'une lampe qui était précisément placée
entre nos deux fenêtres, pour éclairer le corridor, nous
apperçûmes Massugue qui s'avançait avec un air de
précaution, et de mystère. Il s'approcha de la lampe,
l'éteignit, et se retira. Cette nouveauté n'était pas de
nature à nous distraire agréablement de nos sombres
pensées ; car Massugue était capable de tout. Comme
il était logé auprès de nous, nous étions continuellement obligés de le voir et de l'entendre, et il avait toujours soin de tenir à tue-tête, les propos les plus exécra-

1794.

bles, de manière à ce qu'il nous fût impossible d'en rien perdre. Il disait un jour, en pilant quelques ingrédiens pour sa cuisine : " Je voudrais bien tenir tous les " Bourbons dans mon mortier ; j'en ferais une jolie " fricassée !" Cet aimable propos était accompagné de tous les juremens imaginables, et de toutes les grâces du jargon provençal. Après cela on peut concevoir que sa visite nocturne eut quelque chose de particulièrement désagréable pour nous. Nous ne nous attendions à rien moins qu'à une seconde édition du deux Septembre, car ce scélérat ne se cachait pas d'avoir participé aux massacres des prisons de Paris, et nous passâmes environ deux heures, dans cette pénible attente. Au bout de ce tems, nous eûmes le bonheur de nous assoupir, et nous fûmes agréablement surpris, en nous éveillant, d'apprendre qu'il était huit heures, car comme c'était à quatre heures du matin qu'on devait venir prendre les malheureux destinés à être livrés à la commission d'Orange et qu'on n'était pas encore venu à huit, il était probable que ce n'était pas à nous qu'on en voulait dans ce moment. En effêt nous apprîmes dans la matinée que ceux dont Massugue parlait, étaient des prisonniers qui logeaient au dessus de nous. On les avait enlevés dans la nuit et transférés à Orange où la commission les fit périr sur l'échaffaud. L'allarme n'en avait pas moins été, toute aussi forte, pour nous, que si elle avait été bien fondée. Nous en avions souvent de semblables à essuyer. Un autre jour, vers trois heures après midi, nous vîmes entrer précipitamment dans notre corridor, cinq ou six hommes, fort-mal vétus, coeffés de bonnets rouges, et armés de longs sabres. " Ah, f . . . . . !" dit l'un d'eux, "vous êtes B— bien ici, vous autres !"—puis appercevant M. le Prince de Conty, qui les regardait avec effroi !—" Bon-jour, Conty ! Est-ce que nous te " faisons peur ? Nous ne voulons pas te faire de mal : " nous sommes députés par la Société des amis de la " liberté ! (autrement dite le club des jacobins), pour

Sa crainte n'était pas fondée.

" inspecter les prisons, voir si tout y est dans l'ordre, et
" s'il ne s'y commet point d'abus ; aussi faut-il que nous
" fassions une recherche générale."—Elle s'étendit en
effet jusqu'aux commodités, par lesquelles ils craignaient
que nous ne pussions nous échapper, ce qui certes était
bien impossible.

Après qu'ils fûrent sortis, nous les entendîmes accabler
d'injures un prisonnier, qui logeait à côté de nous, et
qui, quoique républicain zélé, avait été condamné à six
ans de fers, c'est-à-dire, de galères, pour avoir manifesté
dans le tems des sections, des principes anti-jacobins.
" F . . . B . . . de fédéraliste," lui disaient-ils, " nous
" allons te faire conduire à Toulon, où on aura soin de
" te procurer, pour ta santé, l'exercice de la rame. Tu
" feras bien de te munir d'une provision de mouchoirs, car
" les petits anneaux qu'on te mettra aux jambes, pour-
" raient bien les écorcher, avant que tu n'y fusses
" accoutumé. Au surplus, tu n'y resteras vraisembla-
" blement pas longtems, car ton jugement a été beau-
" coup trop doux. Nous le ferons reviser, et tu pas-
" seras par *le rasoir national* ; entends tu J . . . F . .?"
—Le malheureux entendit si bien, qu'il en perdit connaissance, et cela lui causa une assez forte indisposition ;
mais il en fut quitte pour la peur : car les menaces de
ces scélérats, ne furent point réalisées, grâce au bien-
heureux évènement, qui trouvera bientôt sa place dans
mon récit. Quoique révoltés de la férocité avec laquelle ces misérables traitèrent notre pauvre voisin, nous
étions souvent impatientés contre lui par l'espèce d'affectation avec laquelle il ne cessait de manifester du
matin au soir, son ardent républicanisme. Il avait été
jadis avocat, et depuis la Révolution, Procureur de la
Commune de Marseille, emploi qu'il avait conservé
quelque tems, pendant le règne des sections, et pour lequel les jacobins le poursuivirent ensuite comme fédéraliste, le condamnèrent à six ans de fers, et l'envoyèrent
au Fort St. Jean, où, en attendant qu'on le fît partir

1794.

pour Toulon, on lui avait donné une assez bonne chambre, contigüe aux nôtres, et la liberté de se promener
dans le Fort. Comme nos sentinelles laissaient souvent
notre porte ouverte pendant le jour, afin de s'épargner
la peine de la rouvrir, et de la refermer à tont moment, pour nos domestiques, nous eûmes occasion de
faire connaissance avec Larguier, (c'était le nom de
ce prisonnier) qui nous communiquait les papiers
publics, qu'il recevait. Sans s'embarrasser des victimes
dont ces papiers donnaient, chaque jour, l'horrible liste,
il paraissait ne s'occuper que des succès des armées de la
république. Lorsqu'elles avaient essuyé quelqu'échec,
nous nous en appercevions tout de suite, à l'air consterné
de Larguier, et au peu d'empressement qu'il mettait à
nous apporter le papier qui en contenait la nouvelle. Si
au contraire, elles avaient remporté quelqu'avantage, il
nous criait aussitôt: Victoire! Victoire! et nous témoignait une joie que nous étions loin de pouvoir partager. Un moment avant la visite des commissaires
jacobins qui le traitèrent si mal, il nous avait fait éclater
ses transports, au sujet de la bataille de Fleurus dont il
venait de recevoir la nouvelle, et qui fut, comme on sait,
suivie de la reprise des quatre places de Flandres, de la
conquête des Pays-bas, de la Hollande, &c. &c. L'in-
concevable zèle de cet homme ne fut nullement réfroidi
par les tristes complimens que lui firent les républicains
par excellence, et il s'empressa de nous en donner
des preuves, les jours suivans, en redoublant ses
démonstrations de joie, à la réception des journaux qui
contenaient la nouvelle des nouveaux succès, remportés
par les armes républicaines. " Eh bien !" nous disait
M. le Prince de Conty, lorsque nous étions seuls, " voilà
" donc notre dernière ressource perdue ! Nous n'avions
" d'espoir pour la destruction de cette infernale boutique,
" que dans les succès des Alliés ; les voilà battus, écrasés,
" anéantis ! que nous reste-t-il ? Je vous l'ai déja dit,
" et je vous le répète encore, c'est la guillotine qui nous

" reste, et nous ne pouvons pas y échapper !"—Ces tristes réflexions, ne furent point du tout adoucies par la déclaration que vint nous faire Mr. Pigneux : il nous signifia qu'il venait de recevoir la défense formelle de nous laisser promener dans le petit jardin, et injonction de redoubler de vigilance à notre égard. Nous apprîmes dans le même tems que ma tante venait d'être dénoncée à la Convention par Vadier, et qu'on avait décrété qu'elle serait sur-le-champ mise au secret, pour être ensuite traduite devant le tribunal révolutionnaire. Tout nous annonçait que notre tour allait arriver, et nous y étions aussi parfaitement résignés qu'il fût possible de l'être, lorsque la bien-heureuse journée du 9 Thermidor, (27 Juillet, 1794) (1), nous arracha au sort qu'on nous préparait ainsi qu'à tant d'autres victimes.

La première nouvelle de ce grand évènement, ne nous causa pas toute la joie que nous eussions éprouvée, si nous en avions prévu les suites ; car ayant déja vu tomber plusieurs scélérats tout-puissans, sans que pour cela la scélératesse eût jamais cessé d'être toute-puissante, nous n'osions pas nous flatter, que la chûte de Robespierre, pût mettre un terme à toutes les horreurs dont la France était le théâtre depuis dix-huit mois, et auxquelles nous n'avions presqu'aucun espoir de survivre. Cependant nous nous réjouîmes sincèrement, de nous trouver débarassés de celui, qui avait paru être, dans tous les tems, le principal chef de la troupe d'assassins, sous les couteaux de laquelle nous nous trouvions. La division qui venait d'éclater parmi eux, était aussi un très bon augure ; mais nous nous livrâmes, bientôt après à l'espérance et à la joie, en apprenant la nouvelle de la suspension de toutes les exécutions, l'élargissement d'un grand nombre de prisonniers, et la déclaration formelle des Gouvernans, qu'ils renonçaient au système sanguinaire dont on rejettait tout l'odieux sur Robespierre et ses

____

(1) La chûte de Robespierre, et d'un grand nombre de ses complices.

1794.

complices. Chaque jour confirmait, de plus en plus, nos espérances ; et quoique, dans ces premiers temps, notre position fût toujours absolument la même, quant au physique, il s'était opéré un tel changement au moral que nous en ressentions les effets, de la manière la plus marquée. Les idées et la conversation de M. le Prince de Conty, avaient déja pris une teinte beaucoup moins sombre. " Allons," disait-il, " il parait qu'on ne veut " plus nous couper le cou, du moins quant à présent ; " et c'est bien quelque chose ! mais Dieu sait si cette " fantaisie là leur durera, et si au premier jour, ils ne " retourneront pas à leurs anciennes habitudes,"

Environ trois semaines après le 9 Thermidor, nous reçumes une lettre qui nous causa un plaisir extrême : il y avait bien longtems que nous n'en avions reçu de qui que ce fût. Elle était de M. de B . . . Cette excellente amie, qui avait bravé les dangers les plus réels, pour nous procurer par ses lettres, toutes les consolations qui étaient en son pouvoir, n'avait cessé de nous écrire que lorsqu'on était venu l'arrêter et la mettre en prison ; elle y était restée cinq mois ; et son premier soin en recouvrant sa liberté, avait été de nous en instruire, de nous demander de nos nouvelles, et de nous répéter les assûrances de sa constante amitié ! Nous reçûmes aussi, à-peu-près à la même époque, une lettre de ma mère, datée du Luxembourg (1), dans laquelle elle nous mandait, qu'elle avait beaucoup souffert dans les derniers tems, et que sa santé physique et morale était en bien mauvais état, mais qu'elle avait lieu d'espérer que l'une et l'autre éprouveraient bientôt de grandes amèliorations. Toutes ces bonnes nouvelles nous mettaient du baume dans le sang ! et véritablement, nous en avions quelque besoin. Nous fûmes un matin, réveillés, par des acclamations et des cris de joie, dont nous ne tardâmes pas à savoir la

20 Août.
Nous recevons des lettres de Paris.

---

(1) Le Palais du Luxembourg servait alors de prison, et ma mère y était détenue.

cause : on venait d'arrêter une bande de Jacobins accusés
de conspiration, et on les amenait au Fort. Parmi ces
messieurs, se trouvaient le Président, l'Accusateur public
et le Greffier du Tribunal Révolutionnaire, qui nous
avaient interrogés, et qui, depuis, avaient inondé Marseille de sang, avec plusieurs autres scélerats aussi connus,
et le Président des Jacobins de Marseille, qui, voulant
échapper à ceux qui venaient l'arrêter, se réfugia sur le
toit de la maison, d'où il tomba et se cassa le cou ; mais
n'étant pas mort sur la place, on l'apporta au Fort, où il
expira bientôt après (1). Notre voisin Larguier, ne se
possédait pas de joie, de voir ses ennemis terrassés, et
c'était lui qui nous avait réveillés par ses cris. Nous
prîmes part à sa joye ; car tout nous prouvait que
le vent était entièrement changé et nous avions bien
lieu d'espérer qu'il deviendrait encore meilleur.

Ce fut à-peu-près vers cette époque, qu'une bagatelle
occasionna, entre M. le Prince de Conty et nous, un
réfroidissement, qui dura presque tout le reste du tems,
que nous passâmes ensemble dans ce triste séjour.
Ayant pu nous procurer de la campagne, du bois et du
charbon, à beaucoup meilleur marché qu'on ne l'avait
en ville, et ayant, d'ailleurs, lieu de craindre que les prix
de tous ces objets n'augmentassent encore considérable-
ment, nous en fîmes venir une petite provision ; et
comme nous avions dans notre logement, bien moins
d'espace que M. le Prince de Conty, et que nous étions
déja aussi encombrés que possible, nous ne savions où
placer notre provision. Nous fûmes donc obligés, pour
y parvenir, d'avoir recours à un expédient, qui donna
lieu à l'altération que je viens d'annoncer. Il y avait au

---

(1) Le Greffier de l'atroce tribunal s'appelait Chompré. Lorsqu'on
l'arrêta, ses premiers mots, après avoir protesté de son innocence, furent :
" A-t-on arrêté Maillet ?" (son confrère et complice, le président du tribunal,)
" C'est lui qui est un fier scélérat ! " Ce fut ce même Chompré, qui écrivit
mon interrogatoire, et qui à chaque fois que je répondais, " Oui ou non,"
me disait : " dites donc, *oui Citoyen*, ou *non Citoyen*."

1794.
Mésintel-
ligence
entre M. le
Prince de
Conty et
nous.

bout de notre corridor, derrière les latrines, une espèce de petit galetas, dont on avait bouché la porte avec quelques pierres mises l'une sur l'autre, mais si négligeament, que, d'un coup de pied, on pouvait abattre ce faible obstacle. Le galetas, n'avait pas d'autre issue que celle-là : il n'était éclairé que par une lucarne, qui donnait sur le petit jardin. Nous pensâmes que ce serait une excellente acquisition à faire pour nos provisions ; mais avant de nous en emparer, nous consultâmes à cet égard le Garde de Ville que le Département et la Municipalité avaient placé au Fort, pour nous surveiller, et qui, en considération de quelques petits présens, déclara qu'il n'y voyait pas d'inconvéniens. Aussitôt fait que dit : la porte fut jettée en bas. Au bruit que cette opération occasionna, M. le Prince de Conty accourut tout allarmé, et demanda avec effroi, ce que nous prétendions faire. Nous lui contâmes aussitôt le fait, en ajoutant que nous avions l'autorisation de notre Garde Pigneux (1). M. le Prince de Conty ne fût nullement satisfait de notre explication et se retira en grondant. Nous sûmes un moment après, qu'il venait de faire savoir la chose au Commandant du Fort, en le priant de faire reboucher la porte, comme auparavant, par ce qu'il craignait d'être compromis par cette innovation. Nous allâmes aussitôt nous plaindre à lui, d'un procédé aussi peu amical, "Ma foi, Messieurs," nous répondit-il, avec humeur, "je ne me soucie point du tout de devenir vic-
" time de vos imprudences ! J'ai déja été mis une fois
" au cachôt pour vous, et je n'ai aucune envie de vous y
" accompagner une seconde."—Cet injuste reproche me piqua au vif, et je le lui témoignai assez fortement, en l'assûrant de plus que nous n'avions jamais, ni sollicité, ni desiré l'honneur de sa compagnie, et que nous étions bien loin d'en éprouver le moindre soulagement. Il me donna alors à entendre que le prêt qu'il nous avait fait,

---

(1) Le sécrétaire Pigneux, était mort depuis quelques jours.

pouvait être considéré comme une obligation que nous lui avions, et je m'élançai aussitôt hors de la chambre pour aller chercher la somme en question, et la lui rendre, ce que je fis sans balancer.—" Voici donc," me dit-il, en la recevant, " la guerre déclarée entre " nous !"—" Non," lui répondis-je, " nous vous avons " eu une véritable obligation, et nous ne l'oublierons " jamais ; mais vous concevez qu'après ce qui vient de " se passer, il nous serait impossible d'être ensemble sur " le même pied qu'auparavant."—" J'en suis fâché," répliqua-t'-il, " mais ce n'est pas ma faute."—" Ce n'est " pas la nôtre non plus !"—et après une révérence de part et d'autre, nous nous séparâmes. Nous restâmes, cependant, possesseurs du galetas : car le Commandant, qui était un fort bon-homme, ne voulut pas le faire reboucher et nous fit même dire qu'il desirait beaucoup pouvoir nous accorder de plus grands adoucissemens. Mais quoique nous eussions obtenu satisfaction sur ce point, le résultat de l'affaire ne nous était pas aussi favorable, à d'autres égards : car, par la restitution de la somme que nous avait prêtée M. le Prince de Conty, nous nous trouvions reduits à la possession de cent vingt francs en assignats, équivalant alors à peu-près à vingt six francs réels, indépendamment des douze louis en or que nous conservions comme un dépôt sacré, pour le cas d'urgente nécessité. Cet état de finances n'était pas brillant, et ne donnait pas lieu à des réflexions bien agréables ; mais il nous en fit faire d'utiles. Notre voisin Larguier qui, comme je l'ai déja dit, avait été jadis procureur, ou avocat, s'entendait fort bien à rédiger une pétition, à poursuivre une affaire, &c. Il nous avait déja fait obtenir par ses soins, une augmentation de traitement de douze francs par jour, qui au fait n'en était point une, puisque depuis la première fixation de ce traitement, la valeur des assignats avait baissé dans cette proportion ; mais au moins, cela nous empêchait d'y perdre, et c'était beaucoup. Nous nous adressâmes

1794.

Nous lui rendons l'argent qu'il nous avait prêté ; nous restons sans rien.

1794.

donc encore à lui, pour savoir s'il n'y aurait pas moyen d'arracher quelque particule de la somme de douze mille francs, que ma mère avait envoyée pour nous aux Corps administratifs, et dont nous n'avions jamais touché un sou. Larguier nous promit aussitôt de rédiger une pétition conçue de telle manière, que pour peu que ceux auxquels elle serait adressée, eussent conservé le moindre dégré de pudeur, il leur serait impossible de nous refuser la restitution que nous réclamions. Mais pour être plus sûrs d'obtenir quelque chose, il nous conseilla de nous borner, quant à présent, à la demande du quart de la somme, sans préjudice du reste, et uniquement pour satisfaire au payement de quelques dettes et à nos besoins les plus urgens. Nous y consentîmes, sans partager les espérances de Larguier à cet égard. Les Corps administratifs étaient cependant changés depuis le 9 Thermidor, et beaucoup mieux composés qu'auparavant. Grâces à cet heureux changement et à la persévérance de Larguier, nous obtînmes au bout de trois ou quatre pétitions, d'abord la reconnaissance de la somme qu'ils avaient reçue pour nous, et ensuite, un ordre pour nous en faire toucher le *quart*. Notre premier soin, en le recevant, fut comme de raison, d'en faire accepter une partie à Larguier, comme une marque de notre reconnaissance. Cette somme de 3000 francs en valait à peu-près 600 en effectif, et certes, dans la situation où nous nous trouvions, c'était pour nous un secours aussi réel, qu'inattendu. D'ailleurs, n'ayant jusqu'alors essuyé que des refus de tout genre, ce premier succès faisait naitre en nous l'espoir d'en obtenir de plus essentiels, et ces deux motifs réunis étaient bien de nature à nous causer une *joie* sensible.

Nous obtenons le quart de la somme que ma mère avait envoyée pour nous depuis longtems.

On nous donne le Fort pour prison.

Nous en éprouvâmes, quelque tems après, une plus vive encore. Notre parfaite amie M. de B——, étant instruite par nous de l'étroite gêne dans laquelle on nous tenait depuis si longtems, sollicita pour nous un

peu plus de liberté, en attendant qu'on jugeât à propos 1794.
de faire cesser notre captivité, et obtint enfin, à force
d'instances, un arrêté des comités de la Convention, par
lequel on nous donnait le Fort pour prison, avec injonction de nous y laisser promener tant que bon nous
semblerait, et défense de nous renfermer dorénavant
dans nos chambres. Il faut avoir été *dix-huit mois au
secrêt,* pour sentir le prix d'une pareille faveur : elle nous
transporta, et nous pénétra d'un redoublement de reconnaissance, pour l'amie aux soins de laquelle nous la
devions.   Comme M. le Prince de Conty était compris
dans cet arrêté, nous nous empressâmes, malgré le peu
d'intimité qui régnait entre nous depuis quelque tems,
d'aller lui en faire part. Il nous remercia beaucoup,
mais il reçut la nouvelle assez froidement.—" C'est bien
" cependant quelque chose, il faut en convenir," dit-il,
" que de pouvoir respirer librement ! Mais, avec votre
" permission, je ne partagerai pas toute votre joie : car
" *timeo Danaos,* . . . . . et les faveurs de ces messieurs me
" sont toujours suspectes."—Nous le laissâmes à ses soupçons, et nous nous empressâmes d'aller jouir de l'espèce de
liberté que nous venions d'obtenir.   Un de nos premiers
soins, fut d'aller voir notre Tante qui était aussi com-
prise dans notre arrêté, et que nous n'avions pas
vue depuis fort longtems.   Nous l'embrassâmes avec
d'autant plus de plaisir, que nous avions été, dans les
derniers tems de Robespierre, très inquièts sur son sort.
Elle nous assûra qu'elle avait été plus inquiète pour nous
que pour elle même, imaginant que son sexe et le soin
qu'elle avait toujours eu *de ne se mêler de rien,* la sauve-
raient infailliblement. Nous ne pûmes lui cacher que nous
étions fort loin de penser comme elle à cet égard ; mais
elle persista dans son opinion, et nous n'en parlâmes plus.
Nous allâmes en sortant de chez elle, faire le tour de
notre petit monde ; ce qui malheureusement, n'exigeait
ni beaucoup de tems, ni beaucoup de fatigue, mais ce
qui n'en fut pas moins pour nous une véritable jouis-

sance. Nous reçûmes des félicitations de tous les anciens prisonniers qui peuplaient encore le Fort, et les *nouveaux venus* nous regardèrent d'un très mauvais œil, ce que nous leur rendîmes sincèrement. Peu de tems après cet heureux changement, qui nous portait à nous livrer aux plus douces espérances, nous reçûmes une nouvelle, qui nous replongea dans l'abattement et le chagrin. Ce fut M. le Prince de Conty qui nous en régala le premier. Il accourut à grands pas, dans notre chambre, et nous dit, du ton le plus tragique et le plus solemnel : " Messieurs, malgré le peu de confiance qui " règne entre nous, depuis quelque tems, je n'ai pas cru " devoir tarder un instant à vous faire part de l'affreux " malheur dont je viens de recevoir la nouvelle, et qui " vous concerne autant que moi. Sachez, messieurs, " que nous sommes condamnés par un décrêt " de la Convention, *à la prison perpétuelle !*" Cette annonce fut pour nous un coup de foudre ; car nous savions, depuis quelque tems, que la Convention allait s'occuper de prononcer sur notre sort, et nous nous flattions, d'après ce qui avait déja été dit à ce sujèt, qu'elle se bornerait *à nous chasser à jamais du territoire de la République*, ce qui était l'objet de nos vœux les plus ardens ; mais au lieu de cela une prison perpétuelle ! Certes la guillotine valait encore mieux. Nous demandâmes à notre vieux parent, d'où il savait cette nouvelle, et il nous montra un papier public qui la contenait. La chose n'était cependant pas aussi positive, qu'il lui avait plu de nous l'annoncer. Cambacérès, à la suite d'un rapport sur la proposition *de déporter les membres de la famille Bourbon détenus en France*, avait fait décréter que, *vu le danger éminent pour la chose pub-lique, de rendre la liberté aux susdits individus, on les retiendrait en prison, aussi longtems que la sûreté générale l'exigerait.* Les mots de *prison perpétuelle*, n'étaient pas prononcés ; mais véritablement, cela y ressemblait beaucoup, et cela nous plongea dans le chagrin le plus amer. Au bout de quelque tems, l'espoir commença à renaître dans nos cœurs ; nous songeâmes qu'ayant le Fort pour prison, et n'y étant point sur notre parole, il ne nous serait pas bien difficile de nous échapper ; que le seul embarras serait de nous procurer une barque, qui pût nous conduire à Gènes, et qu'enfin le peu d'argent que nous possédions, serait peut-être suffisant pour cela. Mais comme des prisonniers, n'ont presque jamais le choix des moyens qu'ils emploient, ils sont forcés de risquer beaucoup plus que d'autres : nous aventurâmes ainsi tout notre petit trésor, et nous le perdîmes. Sans entrer dans les détails d'une histoire, qu'il serait aussi inutile qu'ennuyeux de rapporter ici tout au long, je me contenterai de dire en peu de mots, que deux jeunes gens, dont l'un avait été Page du Roi, et qui, tous deux avaient été amenés au Fort, quelque tems auparavant, comme Royalistes, nous ayant, après les plus belles protestations de zèle et de dévouement, offert leurs services pour nous aider à nous échapper, nous résolûmes de l'essayer. Pour faire cette tentative, il fallut leur confier la très petite somme qui composait tout notre avoir, et ils nous la volèrent en décampant, ce qui nous laissa, dans une situation d'autant plus pénible que la perte d'une ressource aussi précieuse, nous éloignait plus que jamais, du but que nous nous étions crus au moment d'atteindre.

Notre position devenait cependant à d'autres égards, beaucoup moins fâcheuse qu'elle ne l'avait encore été, depuis le commencement de notre captivité. Nous nous promenions, nous allions visiter nos confrères les prisonniers, et nous jouions avec eux à toutes sortes de jeux. Quand je dis *nos confrères*, je parle de ceux des prisonniers dont le ton nous convenait. Les jacobins au contraire, qu'on avait commencé à emprisonner depuis quelques mois, et dont le nombre augmentait journellement dans le Fort, y faisaient toujours bande à part, et nous avions encore moins d'envie qu'eux, de supprimer la ligne

1794.

Deux personnes nous volent tout ce que nous avions, sous prétexte de nous faire évader.

1795.

1795.

de démarcation. Ceux qu'on avait renfermé sous clef, étaient comme de vrais tigres ; et lorsque nous passions près de leurs grilles, pour nous rendre d'un endroit du Fort à l'autre, ils ne manquaient jamais de vomir mille injures contre nous, notre famille et tous les ci-devans, pour lesquels ils prétendaient avoir été beaucoup trop doux, lorsqu'ils avaient eu le pouvoir en main.

On nous donne un meilleur logement.

Vers la fin de Février 1795, on consentit à nous changer de logement, ce que nous desirions d'autant plus, que pour arriver jusqu'à nous, il fallait nécessaire-ment passer devant les fenêtres de M. le Prince de Conty, et que l'oisiveté, l'âge et l'inquiétude, portaient notre vieux parent à la curiosité et au commérage ; ce qui, joint à la froideur qui subsistait toujours entre nous, rendait ce proche voisinage, complettement désagréable : il l'était aussi pour lui-même, et il fut d'autant plus aise de notre changement de logement, que, s'emparant de nos chambres, et y rétablissant la communication avec les siennes, il se trouva beaucoup plus au large. Notre ancien voisin, Larguier, ayant obtenu sa liberté, ainsi que la plupart des prisonniers qui avaient été enfermés du tems de Robespierre, M. le Prince de Conty joignit à son appartement, la petite chambre du procureur, qui était claire et sans grilles. Quant à nous, nous eûmes en partage, deux petites chambres claires et propres, avec un cabinet pour Louis et une petite cuisine. Nos fenêtres n'étaient point grillées et donnaient sur la mer ; mais on avait d'autant moins d'inquiétude à cet égard, que vû leur extrême hauteur, on ne pouvait considérer que ce fût une facilité de s'échapper, pour des gens qui avaient tout le Fort pour prison. D'ailleurs à cette époque on s'en occupait fort-peu. Les administrations étaient mieux composées. Les commissaires de la Con-vention ou représentans du peuple, n'étaient plus des hommes féroces, ni des persécuteurs. Enfin tout le système de rigueur était, Dieu-merci, passé de mode, ou s'il existait encore à quelques égards, c'était uniquement contre ceux qui en avaient si longtems fait leurs horribles délices, les Jacobins ! Ma mère avait été, depuis quelques mois, transférée du Luxembourg, dans une maison de santé, rue Charonne, où elle était, à peu-près, sur sa parole, en bon air, et à portée de soigner sa santé délâbrée. Elle nous mandait qu'elle avait de grandes espérances de voir incessamment notre sort s'améliorer beaucoup, et de pouvoir même nous serrer dans ses bras. Ses lettres, les adoucissemens de tout genre que nous éprouvions, et dont nous sentions d'autant plus vivement le prix, que nous en avions été privés bien cruellement, depuis près de deux ans que nous étions en prison, la bonne tournure que prenaient les affaires de notre malheureux pays, enfin tout nous encourageait à l'espoir, et sans diminuer notre extrême desir de recouvrer notre liberté, nous faisait attendre avec plus de patience la réalisation des espérances qu'on nous donnait alors de toutes parts.

Nous obtînmes qu'on nous payât le reste de nos douze mille francs ; et quoique la dépréciation des assignats, qui augmentait sensiblement chaque jour, eût réduit de beaucoup la valeur de cette somme, nous nous trouvions heureux de pouvoir profiter de ce secours, avant qu'il fût entièrement réduit à rien. Notre traitement jour-nalier fut aussi encore un peu augmenté, mais non pas en proportion de la perte énorme des assignats ; et il eût été tout-à-fait insuffisant à notre subsistance, sans l'autre secours. Il nous arriva de plus, vers cette époque, un renfort considérable : soixante et douze louis, en or, que j'avais laissés à Nice, au moment de mon arrestation, me furent renvoyés par celui qui en était resté dé-positaire. Notre excellente amie, Mme de B————— avait aussi l'attention de nous faire passer, de temps-en-tems, des petits objets agréables ou utiles, et tout cela adoucissait infiniment notre sort. Plusieurs mois se passèrent de la sorte, sans qu'il nous arrivât rien de remarquable, si ce n'est qu'un jour, dînant chez des jeunes gens royalistes, qu'on avait enfermés au Fort, pour avoir fait du train à la comédie, et tenu des propos violens contre la Convention, nous bûmes un peu plus qu'à notre ordinaire, et nous fîmes ensuite chorus dans des chansons anti-républicaines, ce qui nous attira une dénonciation en forme, de la part des prisonniers jacobins qui avaient entendu nos chansons, et les représentèrent comme faisant partie d'un grand complot. Ils ajoûtèrent, comme une preuve de plus de nos perfides intentions, que nous avions trouvé le moyen de nous procurer des armes, et que nous les avions cachées dans nos chambres. Ce dernier fait était vrai : nous possédions deux ou trois sabres, ou briquets de grenadiers, que des soldats nous avaient vendus ; mais loin de vouloir les faire servir à l'exécution d'aucun complot, nous ne nous en étions munis que pour pouvoir nous défendre, en cas de besoin, contre les jacobins, qui étaient alors en très-grand nombre dans le Fort, et menaçaient souvent de nous jouer quelque tour de leur métier. Heureusement pour nous, le représentant du peuple auquel cette dénonciation fut faite, était un homme modéré ; il avait même de fort bons sentimens : son nom était Mariette : il fit aussitôt venir le Commandant du Fort, et le chargea de nous instruire de la dénonciation qui venait de lui être faite, en nous assûrant qu'elle n'aurait aucune suite, parcequ'il méprisait la source d'où elle partait, et qu'il pensait que personne ne devait s'étonner, ni s'offenser que nous fussions royalistes ; mais que, quant aux armes, il était obligé de nous prier de les rendre ; et qu'au lieu de faire faire l'examen de nos chambres, comme cela était d'usage en pareil cas, il se contenterait sur cela de notre parole d'honneur. Il était impossible d'agir plus loyalement. Nous rendîmes, comme de raison, les armes que nous avions, et nous fûmes extrêmement sensibles à un genre de procédés, auquel nous étions bien peu accoutumés. Un représentant de la

même trempe que la plupart de ceux qui avaient pré-
cédé celui-là, n'eût pas manqué, sur une pareille dénonciation, de nous faire mettre au cachot, et expédier
ensuite par un procès révolutionnaire. Mariette ne
ressemblait pas du tout à ses féroces confrères. Un jour,
passant en bateau devant le Fort, et nous ayant apperçus
à une fenêtre, il ôta son chapeau, et nous salua fort
poliment, quoique sans affectation. On peut concevoir
qu'une bagatelle de ce genre fasse plaisir, dans une
situation comme elle où nous étions alors. J'ignore
quelle a été à d'autres égards, la conduite politique
de Mariette, et ce qu'il était avant la révolution ; il a,
en général, fait peu parler de lui, excepté à Marseille
où il a gagné l'estime des honnêtes gens, et la haine la
plus implacable de la part des jacobins. Quant à ces
derniers, on en amenait tous les jours au Fort, et, vers le
commencement de May, ils furent tous enfermés, les
uns au cachot, d'autres dans des chambres. On poussa
même la rigueur à leur égard, jusqu'à empêcher leurs
parens ou amis, de leur apporter à dîner, comme ils
le faisaient auparavant. Ceux qui avaient de l'argent,
parvenaient cependant à se procurer à manger et à
boire ; mais les autres étaient exactement réduits au
pain et à l'eau. Leur rage devait être poussée à son
comble, mais ils ne la manifestaient plus : car ces
mêmes êtres qui avaient jadis inspiré tant d'horreur,
en éprouvaient à leur tour les effêts. Ce fut vers
ce tems, que se formèrent les compagnies de Jésus, et
celles des enfans du soleil qui ont depuis été fameuses
dans le midi : elles étaient composées de jeunes gens
dont les parens avaient été sacrifiés par les jacobins,
et qui se croyaient autorisés à venger leur mort, par le
meurtre de tous ceux d'entre ces misérables qu'ils
pouvaient trouver. Souvent lorsqu'ils en rencontraient
qu'on amenait en prison, ils se faisaient jour à travers
ceux qui les gardaient, et les accablaient de coups de
sabre. Nous vîmes plusieurs de ces horribles scènes se

passer à l'entrée du Fort. Ils menaçaient en outre (en criant à tue-tête, pour que les prisonniers les entendissent), que si on ne s'empressait pas de faire justice de tous les scélérats qu'on tenait en prison ils se chargeraient de ce soin, et suivraient, à cet égard, l'exemple des Lyonnais (1). On conçoit que ceux à qui s'adressaient de pareilles menaces, fussent assez inquièts pour ne plus se livrer à leur fureur ; et plût à Dieu qu'on se fût contenté d'avoir produit cet effet, sans se rendre aussi criminel que ces scélérats eux-mêmes ! Nous n'eussions pas été témoins de l'horrible évènement qui arriva peu de tems à près, et dont je vais faire le récit !

Massacre des prisonniers jacobins dans le Fort.

Le 6 Juin de cette année 1795, vers cinq heures après midi, tandis que nous étions occupés, Beaujolois à lire, et moi à dessiner, nous entendîmes tout d'un coup, des cris de : " Aux armes ! Levez le Pont !" et courant aussitôt à la fenêtre, qui donnait sur la cour, nous vîmes les soldats de garde accourir à leurs postes, s'emparer de leurs armes, et se porter, à la hâte vers le Pont-levis. Un moment après, ces mêmes soldats revinrent en désordre, suivis d'une foule d'hommes armés de sabres et de pistolets, sans uniformes et la plupart ayant leurs manches retroussées jusqu'au dessùs des coudes. Au milieu d'eux était un officier qu'on portait, et qui paraissait blessé. Ils chantaient à tue-tête, le couplet de la chanson appellée " *Le réveil du peuple*," dont les derniers vers étaient :

> " *Mânes plaintifs de l'innocence,*
>
> " *Appaisez vous dans vos tombeaux !*
>
> " *Le jour tardif de la vengeance,*
>
> " *Fait enfin pâlir vos bourreaux.*"

Il était impossible d'avoir le moindre doute sur les intentions de ces forçenés, et même sur la facilité avec laquelle ils pourraient les exécuter, puisqu'ils étaient

(1) On venait de massacrer à Lyon, un grand nombre de jacobins.

parvenus à entrer dans le Fort, et que les soldats ne paraissaient leur opposer aucune résistance. Il était certain que nous n'étions pas du nombre de ceux auxquels ils en voulaient, mais il ne l'était pas autant, qu'étant yvres, comme ils paraissaient l'être, et comme ils l'étaient en effèt, ils ne commissent quelqu'erreur dont nous pouvions devenir les victimes. Ces réflexions s'offrant à nous à la hâte, nous nous hâtames de nous barricader aussi bien qu'il nous fut possible. Broches, chenêts, bûches, tables et chaises, furent empilées en un moment contre la porte; et dans le cas où tous ces remparts eussent été forcés, nous étions déterminés à nous sauver par les fenêtres, qui donnaient sur la mer. A peine avions-nous fini de nous barricader ainsi, qu'on frappe à notre porte. Nous ne répondons pas d'abord. On redouble en criant: "Ouvrez, "qui que vous soyez! nous ne venons point vous faire "de mal, nous apportons l'adjoint du Commandant du "Fort, qui se meurt, et que nous ne pouvons mettre nulle part ailleurs: car toutes les chambres sont fermées." Nous répondîmes alors, que si nous pouvions offrir quelques secours à l'adjoint, nous le ferions avec empressement, mais que nous les prions de songer que nous n'étions nullement en prison, pour cause de jacobinisme, et que notre cas était précisément le contraire. Ils répliquèrent qu'ils le savaient, et nous recommandèrent d'ouvrir vîte, parce qu'il n'y avait pas de tems à perdre. Sur cette assûrance, nous nous déterminâmes à ouvrir. Aussitôt, dix ou douze jeunes gens assez bien habillés, mais les manches retroussées, et le sabre à la main, entrèrent en portant cet adjoint, qu'ils déposèrent sur mon lit. Ensuite, nous adressant la "parole: "N'êtes vous pas," nous dirent-ils, "*Messieurs* "d'Orléans?" et sur notre réponse affirmative, ils nous assurèrent que, loin de vouloir attenter à notre vie, ils la défendraient de tout leur pouvoir, si elle était en danger; que l'acte de justice, qu'ils allaient exerçer, contribuerait autant à notre sûreté qu'à la leur, et à celle de tous les honnêtes gens ; puis ils nous demandèrent de l'eau-devie, dont assurément ils ne paraissaient avoir aucun besoin. Nous n'en avions pas ; mais ils trouvèrent une bouteille d'anisette, dont ils se versèrent dans des assiettes à soupe ; après quoi ils sortirent, en nous recommandant d'avoir soin de l'adjoint ; et soit pour le garder, soit pour empêcher que leurs camarades ne commissent à notre égard, quelque fatale erreur, ils laissèrent un d'entr'eux en sentinelle, à notre porte. L'adjoint était pâle comme un mort, et nous eûmes assez de peine à lui faire reprendre connaissance ; mais il n'était pas blessé : on s'était empressé de le désarmer sans lui faire la moindre égratignure, et l'effroi que lui avait causé cette cérémonie, joint à celui de toutes les conséquences qui allaient en résulter, avait été la seule cause de son évanouissement. Revenu à lui, il voulut sortir, pour tâcher, disait-il, de s'opposer à l'horrible scène qui allait se passer ; mais il trouva à la porte deux sentinelles postées par les Massacreurs, qui l'en empêchèrent. Dans ce moment, nous entendîmes enfoncer à grands coups, la porte d'un des cachots de la seconde cour, et bientôt après, des cris affreux, des gémissemens déchirans, et des heurlemens de joie. Le sang se glaça dans nos veines, et nous gardâmes le silence le plus profond. Au bout d'environ vingt minutes que dura la boucherie de ce cachot, nous entendîmes l'horrible troupe revenir dans la première cour, sur laquelle donnait une de nos fenêtres ; et nous en étant approchés, par un mouvement machinal, impossible à décrire, nous les vîmes occupés à s'efforcer d'enfoncer la porte du cachot No. 1, qui se trouvait précisément en face de notre fenêtre, et dans lequel il y avait une vingtaine de prisonniers. Ils en avaient déjà égorgé environ vingt cinq, dans l'autre cachot. Ceux du No. 1, dont, heureusement pour eux, la porte s'ouvrait en dedans, se barricadèrent si bien, qu'après avoir travaillé inutilement pendant plus d'un quart d'heure, à l'enfoncer, les massacreurs l'abandonnèrent, après avoir tiré quelques coups de pistolet à travers les barreaux, et avoir promis de revenir, lorsqu'ils auraient expédié les autres.

Vers six heures le Commandant du Fort nous fut amené par deux de ces messieurs qui ne lui avaient laissé que le fourreau de son sabre, et qui l'enfermèrent avec son adjoint et nous. Il s'était présenté au pont-levis qu'il avait trouvé levé, et ne pouvant parvenir à le faire baisser, il avait pris le parti d'escalader par le fossé ; mais en arrivant dans le Fort on l'avait désarmé et conduit chez nous. Il jurait il tempêtait, il se mordait les poings, et reprochait à son adjoint, la pâleur et l'effroi qui se peignaient sur son visage. On entendait toujours les cris des victimes, et les coups de pistolet, de sabre, et de massue des égorgeurs. Vers sept heures nous entendîmes un coup de canon tiré du Fort, et nous sûmes depuis, qu'il l'avait été par les assassins contre le cachot No. 9, dont les prisonniers, au nombre de plus de trente, fûrent mitraillés et brûlés ; car, pour que la *besogne* allât encore plus vite, ils avaient imaginé de mettre le feu au cachot, après y avoir fait entrer une grande quantité de paille, par les soupiraux. Il était près de neuf heures, et nuit close, lorsque nous entendîmes crier dans la premiere cour. " Voici les Représentans du Peuple ! il faut " baisser le pont, car ils menaçent de nous traiter en " rébelles, si nous différons un moment."—" Je me f ... " des Représentans," dit l'un deux, " et je brûle la cer- " velle au premier lâche qui voudra leur obéir. Allons, " camarades, à la *besogne !* nous aurons bientôt fini." Pendant qu'ils s'éloignaient, les soldats de la garde bais- sèrent le pont et les Représentans entrèrent au milieu de flambeaux, et suivis d'un grand nombre de grenadiers et de hussards, à pied.—" Malheureux," s'écrièrent-ils, en entrant, " faites cesser votre horrible carnage ! au " nom de la loi, cessez de vous livrer à ces vengeances

" odieuses !"—Plusieurs répondirent : " Si la loi nous
" avait fait justice de ces scélérats, nous n'aurions pas
" été réduits à la nécessité de nous la faire nous-mêmes !
" Maintenant le vin est tiré, il faut le boire ;"—et le
massacre continuait toujours.—" Grenadiers," crièrent
" les Représentans," hâtez-vous d'arrêter ces forçenés,
" et qu'on nous fasse venir le Commandant du Fort ! où
" est-il donc ?"—On leur apprit alors qu'il était enfermé
dans une chambre en haut, et ils s'y firent conduire.
Ces Représentans étaient Isnard et Cadroy. En entrant
dans notre Chambre, ils demandèrent au Commandant,
compte de sa conduite, et ils parurent convaincus de l'impossibilité où il avait été de s'opposer à cette horrible
scène, puis s'asseyant sur nos lits, et se plaignant de
l'excessive chaleur, ils demandèrent à boire : On leur
apporta du vin. Isnard le repoussa, en criant d'un ton
tragique : " *C'est du sang !*" On lui offrit ensuite de
l'anisette, et il l'avala sur le champ. Un moment après,
comme notre chambre se remplissait de monde, ils passèrent dans celle à côté, pour y délibérer, et s'y enfermèrent avec le Commandant. Au bout de quelques
minutes, ils rentrèrent. Cinq ou six massacreurs arrivè
rent alors, tout couverts de sang. " Représentans,"
dirent-ils, " laissez nous achever notre *besogne ;* cela
" sera bientôt fait, et vous vous en trouverez bien."—
" Misérables, vous nous faites horreur !"—" Nous
" n'avons fait que venger nos pères, nos frères et nos
" amis ; et c'est vous-mêmes qui nous y avez excité."
" Qu'on arrête ces scélérats," s'écrièrent les Représentans ! On en arrêta, en effet, quatorze ; mais ils furent
relâchés deux jours après.

Ainsi se termina cette horrible soirée, dont le résultat
fut la mort de quatre-vingt malheureux, parmi lesquels,
entre beaucoup d'innocens, se trouvait un cordonnier
qui n'était enfermé, que pour avoir crié : " Vive le Roi !"
Aucun des grands scélérats ne perdit la vie : le cachot
No. 1 en contenait plusieurs, et ne put être enfoncé ;

la Tour en était remplie, et les massacreurs ne purent
pas y pénétrer. Le lendemain, le Fort était encore
jonché de cadavres, et de mourans, comme un champ
de bataille : on y voyait aussi d'affreuses mares de sang;
et pour que rien ne manquât à l'horreur de ce lieu, l'air
y était empesté par la fumée qui s'exalait des cachots
brûlés. Ce fut seulement alors que nous découvrîmes,
avec horreur, sous nos lits, et sous quelques unes de
nos chaises, trois ou quatre poignards ensanglantés
jusqu'à la garde, il est probable qu'ils y avaient été
jettés par ceux des assassins qui avaient voulu se débarasser de ces preuves de leurs crimes, après s'être in-
troduits dans notre chambre, au milieu de la foule qui
suivait les Représentans. Plusieurs victimes de ce massacre, y survécurent deux ou trois jours, et expirèrent
ensuite dans des souffrances d'autant plus affreuses, qu'on
ne s'empressa nullement de leur donner du secours. En
traversant le Fort, le surlendemain de cette horrible
soirée, je m'entendis appeler par une voix plaintive et
suppliante, qui sortait du fond d'un cachot. Je m'en
approchai, et je reconnus un homme qui avait été officier
municipal, et qui comme tel, m'avait gardé au Palais : il
passait pour un enragé jacobin ; mais je n'avais pas eu
personnellement à m'en plaindre : " Citoyen," me dit-il,
" je suis mourant :" j'étais enfermé dans le cachot No. 6,
" lorsqu'on y mit le feu, et je ne sais comment j'ai pu
" survivre à tous les malheureux qui y ont péri. Plût-
" à-Dieu que j'eusse succombé comme eux ! Je n'aurais
" pas eu à souffrir le martyre dans lequel je gémis
" encore. Mais par pitié, faites moi donner du secours,
" ou qu'on m'achève ! car rien ne peut égaler les
" tortures que j'éprouve."—Je lui promis de faire mon
possible pour lui obtenir du secours et je courus
" aussitôt chez le Commandant du Fort, pour lui repré-
" senter la barbarie de laisser ces malheureux dans un
" état aussi révoltant, sans leur accorder la moindre
" assistance. " J'ai déja fait demander un chirurgien,"

dit-il, " ce n'est pas ma faute s'il ne vient pas et tous ces
" gueux là ont assez fait périr d'honnêtes gens, pour
" qu'ils crèvent sans qu'on les plaigne."—" Je ne les
" aime pas plus que vous," lui dis-je, " mais outre que
" parmi ceux dont je vous parle, il peut s'en trouver
" d'innocens, ce serait se rendre aussi coupable que le
" plus sanguinaire d'entr'eux, que de les laisser périr
" ainsi "—" Je m'en vais envoyer encore pour faire
" venir ce chirurgien, et c'est tout ce que je puis faire :
" car si je voulais leur administrer moi-même ce secours,
" ils seraient vraisemblablement guéris d'une toute autre
" manière."—Le chirurgien arriva, mais trop tard ; et
le malheureux dont j'avais plaidé la cause, mourut, ainsi
que plusieurs autres.

Nous favorisons l'évasion d'un Anglais prisonnier.

Un Anglais, qu'un corsaire avait pris à bord d'un
bâtiment marchand dont il était subrécargue, avait été
amené au Fort, comme prisonnier de guerre, deux jours
avant le massacre. Le pauvre homme fut, comme on
peut croire, saisi de terreur, à la vue de cette scène
inattendue, d'autant que n'en connoissant ni la cause, ni
les auteurs, il était convaincu que les massacreurs étaient
des jacobins qui ne manqueraient pas de l'expédier,
comme Anglais. Il ne parlait pas un mot de français,
et ne l'entendait pas davantage. Comme nous étions
les seules personnes du Fort, qui parlassent anglais, on
eut recours à nous, pour communiquer avec lui. Il fut
enchanté de trouver à qui parler, nous assûra que sa
détention avait été contraire à toute espèce de justice,
et nous demanda notre intercession pour tâcher de le
faire sortir. Je lui fis mettre ses griefs par écrit, et je
lui rédigeai plusieurs pétitions ; mais quoi qu'on promit
d'y faire droit, le tems s'écoulait, et notre homme restait
toujours au Fort, séchant d'impatience et d'ennui. Il
se plaignait amèrement de ce qu'indépendamment du
désagrément de sa situation, ses affaires en souffraient de
la manière la plus fâcheuse. Touché de son malheur,
nous lui proposâmes de tenter de le faire sauver. Il

accepta la proposition avec joie. Comme il avait de
l'argent chez un Banquier de Marseille, nous lui fîmes
retenir, sous un nom supposé, son passage à bord d'un
bâtiment Danois, qui devait mettre à la voile sous peu
de jours. Un ancien prisonnier, nommé Joliot, pauvre
diable, bien intentionné et très déterminé, que nous
employions souvent à faire nos commissions, et qui avait
obtenu sa liberté, se chargea de porter sa valise à bord, et
de le munir d'une corde qu'il attacherait lui-même au
rempart, et le long de laquelle l'Anglais n'aurait qu'à
se laisser glisser jusqu'en bas, où il trouverait un bateau
qui le conduirait à bord du bâtiment Danois. Ainsi fut
dit, ainsi fut fait. La veille du départ du bâtiment,
nous avertîmes l'Anglais de se tenir prêt à partir le soir,
et de se confier entièrement aux soins de notre homme,
qui, en effet, s'acquitta de sa commission, de la manière la
plus parfaite. L'Anglais s'embarqua, partit, et nous n'en
entendîmes plus parler. Le lendemain de sa fuite, on vint
nous demander ce qu'il était devenu, et nous affectâmes,
comme de raison, une grande surprise en entendant la
nouvelle de sa disparution. Je ne sais si on nous soup-
çonna d'y avoir contribué, mais comme on ne pouvait
le prouver d'aucune manière, l'affaire en resta là, et le
concierge en fut quitte pour une bonne semonce. On
s'étonnera peut-être de ce que, pouvant aussi facile-
ment faire sauver un confrère prisonnier, nous ne fissions
pas usage de cette faculté pour nous sauver nous-mêmes.
Mais d'abord, outre que notre situation était infiniment
plus douce qu'elle ne l'avait été depuis longtems, et que
la presque certitude de pouvoir nous échapper, quand
bon nous semblerait, eût diminué à cet égard, notre
vive anxiété, les assurances positives que nous recevions
sans cesse de ma mère, que la liberté allait nous être
rendue, nous détournait d'un parti que nous nous
croyions toujours à portée de prendre, et qui d'ailleurs
contrarierait beaucoup les vues et les intentions de
celle à laquelle nous devions tant de déférence et de

1795.

A la fin
d'Août ma
tante et M.
le Prince
de Conty
obtiennent
leur liberté

tendresse. Nous nous efforçions donc de prendre encore patience.

L'Evènement qui arriva vers la fin d'Aôut, ne contribua pas peu à épuiser fortement la dose de cette triste vertu qui nous restait encore. M. le Prince de Conty et ma tante obtinrent leur liberté : elle n'était pas totale, parcequ'ils avaient déclaré, ne point vouloir sortir de France, mais on leur donnait une ville pour prison : Autun à l'un, et Moulins à l'autre, avec la perspective d'être même, sous très-peu de tems, affranchis de cette petite gêne. Nous nous réjouîmes sincèrement du succès des démarches de nos parens, qui d'ailleurs en étaient transportés ; mais comment nous laissait-on en prison, lorsqu'on leur rendait la liberté, nous qui n'y étions qu'en vertu du même décrêt qui les y retenait eux-mêmes ? Quoiqu'il en fût, nous les félicitâmes de tout notre cœur, et les accompagnâmes à leur sortie, jusqu'à notre *extrême frontière*, c'est-à-dire, jusqu'au pont-levis. Cependant, malgré toutes les promesses de ma mère, qui commençaient à nous paraître fondées sur des espérances au moins bien vagues, nous restions au Fort St. Jean, oubliés et plongés dans la mélancolie, sans aucune apparence de pouvoir en sortir. Ma mère répondait aux pressantes observations que nous lui adressions à ce sujet, que notre oncle et notre tante n'étaient pas dans le même cas que nous ; que l'un par son âge, et l'autre par son sexe, ne pouvaient donner aucun ombrage, tandis que nous devions nécessairement en causer ; que cependant on allait nous accorder notre liberté, mais sous condition d'en aller jouir hors de France : cette condition ne nous effrayait pas du tout. Mais pourquoi, encore une fois, ne pas prendre une détermination à notre égard, en même-tems que celle relative à nos parens ? On répondait que les comités avaient eu trop d'affaires, pour s'occuper de la nôtre, mais qu'aussitôt après la conclusion du *grand œuvre de la Constitution*, on songerait à nous. Cependant le tems s'écoulait, la constitution s'achevait, et on ne faisait rien pour nous! c'était encore après l'acceptation, qu'on avait ajourné notre affaire. En attendant, la tournure des affaires générales, devenait moins favorable de jour en jour. Les jacobins, dont on s'était flatté quelque tems auparavant, que le règne odieux ne pouvait jamais revenir, commençaient à relever la tête avec audace : on les faisait sortir de prison, et la journée du 13 Vendémiaire ou 4 Octobre, dans laquelle la Convention parvint à désarmer les sections de Paris, qui s'étaient déclarées contr'elle, semblait enfin devoir assûrer leur triomphe. L'arrivée de Fréron, en qualité d'Agent du Gouvernement, augmenta notre inquiétude, et nos allarmes furent portées au comble par les mesures qu'il s'empressa d'adopter, et par la protection ouverte qu'il accorda aux Jacobins les plus déterminés: il ne se contenta pas de leur rendre la liberté, mais il en composa toutes les administrations, et il en chassa tous les honnêtes gens. Il poursuivait même déja ces derniers, et ceux qui, du tems de Robespierre, avaient été obligés de chercher leur salut dans la fuite, eurent encore recours à cette triste ressource. Nous avions alors pour Commandant du Fort, un nommé Bétemps, qui, quoique l'ayant été dans le tems de Robespierre, était un fort brave homme; il n'avait presque jamais caché son anti-jacobinisme, et s'était toujours conduit envers nous, d'une manière parfaite. Il ne commandait pas lors du massacre, ayant été employé dans ce tems, à un autre service; mais il fut rappellé quelque tems après, et continua de tenir les jacobins, dont le Fort était rempli, avec la plus stricte rigueur, tandis qu'il nous accordait tous les adoucissemens qui dépendaient de lui, tels que de nous laisser baigner dans la mer, et de nous permettre même d'aller déjeûner sur la rive opposée. Fréron, instruit de ses sentimens, et notamment du mépris qu'il affectait étourdiment de témoigner pour lui, lui fit dire de se rendre chez lui. Bétemps s'y refusa, et lorsque les commissaires de Fréron

1795.

vinrent au Fort, il eut l'imprudence de les appeler, " *Vils gredins, serviteurs du plat sultan,* &c. Le *plat sultan* n'hésita pas, comme on peut croire, à se venger d'une pareille insulte, il décerna aussitôt un mandat d'arrêt contre lui, et nous étions dans sa chambre, lorsqu'on vint l'avertir que les Gendarmes arrivaient pour l'arrêter. " Qu'on me donne mes pistolets," dit-il froidement, " et qu'on m'amène un bateau sous ma fenêtre ! " Si les B .... m'attrapent, je veux au moins qu'il leur " en coûte cher !" Cependant il n'accéléra nullement sa marche, et il eut le bonheur de s'échapper avant que les Gendarmes n'arrivassent à son appartement. Ils le cherchèrent dans tout le Fort, jurèrent, tempêtèrent, et se saisirent de son secrétaire, contre lequel Fréron avait aussi décerné un mandat d'arrêt. Pendant ce tems, Bétemps s'était allé cacher chez un de ses amis, qui le fit embarquer, et partir pour Livourne, quelques jours après, malgré toutes les perquisitions de Fréron. Il eut soin de le remplacer au Fort, par un nommé Grippe, ancien caporal, jacobin enragé, qui s'enyvrait tous les jours. Tout ce qui se passait alors, nous paraissait être le commencement du retour de ces affreux tems dont l'idée seule faisait tressaillir. Nous pensâmes donc, après une mûre délibération, qu'il était urgent de profiter de la faculté que nous avions encore de rompre nos liens, avant qu'on ne nous le rendît impossible, en nous replongeant, comme auparavant, dans quelque cachot, et vraisemblablement pour ne plus nous en tirer. Bétemps nous avait promis, quelques jours avant sa fuite, de faciliter la nôtre, et de s'en aller avec nous. " *Tempus* " *est f . . . . . . campum,*" nous disait-il en riant ; mais le mandat d'arrêt de Fréron, précipita tellement son départ, que nous n'eûmes pas le tems de concerter le nôtre avec le sien. Le Commandant Grippe, dont le nom me rappelle des souvenirs si pénibles, avait fait renouveller les consignes, et ne laissait plus entrer dans le Fort, que ceux qui y venaient pour affaires de service, ou nos domestiques qu'il était obligé, conformément aux anciens ordres, de laisser aller et venir; je dis nos domestiques, car indépendamment de Louis, nous avions pris une servante nommée Françoise.

Notre première mesure fut de nous assûrer d'un passage, à bord de quelque bâtiment Italien dont le départ fût prochain. Un capitaine Toscan consentit à se charger, pour un prix très raisonnable de *deux jeunes gens,* et leurs domestiques, pourvû qu'ils fussent munis de passeports, ou, si non, il lui fallait *un mont-d'or.* Cette difficulté nous parut d'abord effrayante; mais nous apprîmes bientôt après, qu'un écrivain de la Commune ou Municipalité vendait pour deux ou trois louis, des passeports en blanc, et gagnait sa vie à ce petit commerce. Nous en profitâmes avec empressement, et quatre louis nous procurèrent à chacun un passeport, que nous remplîmes à notre fantaisie, ayant soin d'y mettre des noms supposés, et de mentionner des âges un peu différens des nôtres; le tout terminé par un signalement bien exact. Possédant ce trésor, nous conclûmes notre marché avec le capitaine Toscan qui devait partir pour Livourne, trois ou quatre jonrs après; toute cette affaire était menée par la même personne, qui avait fait sauver Bétemps, et qui craignant elle-même le retour du Jacobinisme, s'était décidée à partir par le même bâtiment que nous. Quoique nous fussions à peu-près sûrs de pouvoir sortir par le pont-levis, en attendant pour cela le déclin du jour, et nous enveloppant bien dans nos manteaux, nous pensâmes cependant, que dans le malheureux cas où un de nous serait reconnu, et forcé de rentrer, il fallait nous munir d'une corde, afin qu'il pût se sauver par la fenêtre, tandis que l'autre, au bout d'un certain tems convenu, viendrait repêcher son camarade avec un bateau. On verra combien cette précaution était nécéssaire, et combien il fallait être malheureux, pour que toutes nos mesures fussent aussi cruellement déjouées.

1795.

Nous formons le projet de nous évader.

1795.

Le jour du départ du bâtiment était fixé, nous nous préparâmes à décamper, la veille à l'entrée de la nuit. Nous avions préalablement fait sortir par Louis, en plusieurs voyages, le peu d'effêts que nous voulions emporter, et nous devions passer la nuit chez une parente de la personne qui avait dirigé toute l'affaire, pour nous embarquer ensuite, et partir tous ensemble, au point du jour. Après avoir dîné assez légèrement, car notre anxiété nous laissait peu d'appétit, nous attendîmes avec impatience, que l'obscurité nous permît d'exécuter notre grand projet.

18 Novembre.
Nous nous décidons à partir
Mon frère part avant moi, et sort heureusement du Fort.

Nous étions alors au **18 Novembre**, et il faisait nuit close à cinq heures et demie; en conséquence l'heure de notre départ fut fixée à cinq heures un quart. Nous convînmes de ne pas sortir tous deux ensemble, afin de donner moins de prise aux soupçons, et nous décidâmes que Beaujolois partirait d'abord avec Louis, et que, quelques minutes après, je m'acheminerais tout seul, et que je le joindrais sur le port, où il m'attendrait, en marchant un peu plus lentement. Dans le cas où je n'aurais pas rejoint Beaujolois au bout de dix minutes, il était convenu qu'il se tiendrait pour averti qu'il m'avait été impossible de sortir par le pont-levis, et qu'il viendrait avec un bateau, me chercher au pied de la Tour. Avant de se mettre en marche, Louis alla examiner les environs du pont-levis, et s'assûrer qu'il ne s'y trouvait ni Commandant, ni personne qui pût nous reconnaître, et lorsqu'il nous en eût fait un rapport favorable, j'embrassai Beaujolois avec la plus vive agitation, et j'eus de la peine à me séparer de lui, pour le laisser partir, quoique j'eusse la confiance que j'allais le rejoindre dans le moment. Il partit avec le fidèle Louis. Les cinq minutes qui s'écoulèrent après son départ, me parurent horriblement longues : enfin, au bout de ce tèms, n'entendant rien, je m'enveloppai dans mon manteau, j'enfonçai mon chapeau sur mes yeux, après avoir fermé à double tour, la porte de notre chambre, et me flattant de n'y plus jamais rentrer. Je passe devant quatre sentinelles; aucune ne m'arrête: je franchis le fatal pont, et me croyant déjà en liberté, j'adresse au ciel les plus sincères actions de grâces pour ma délivrance. Mais *je comptais sans mon hôte,* et le proverbe ne mentit point. A peine avais je fait quelques pas, que je rencontrai *ce maudit hôte,* c'est-à-dire le Commandant du Fort, qui rentrait chez lui. Je le reconnus aussitôt, au manteau blanc qu'il portait; mais faisant bonne contenance, j'espérais qu'il ne prendrait pas garde à moi. Vain espoir! il m'aborde en me demandant où je vais. "Que " vous importe, Citoyen? je ne vous connais pas?"— " Je suis Commandant du Fort, et je viens de vous en " voir sortir."—" Cela est vrai: j'y ai diné avec un " canonnier de mes amis, et je vous l'aurais dit sur-le- " champ, si je vous avais connu."—" Non, vous êtes un " prisonnier, et morbleu! vous aurez la bonté de ren- " trer; car je réponds de vous."—" Vous vous trompez " beaucoup je vous assûre, et vous me prenez pour un " autre."—" Non, vous êtes l'ainé des Orléans, et je " vous répète que si vous ne rentrez pas à l'instant, " j'appelle la garde, et je vous fais saisir."—" Cette " violence serait inutile, car je n'ai aucune envie de " faire résistance: j'allais à la comédie, comme je l'ai " déja fait plusieurs fois à votre insçu; puisque j'ai " eu le malheur de vous rencontrer ce soir, je serai privé " de ce plaisir, voilà tout!"—" Oh, je vous en réponds, " que vous en serez privé, et j'y mettrai bon ordre: car " je vais de ce pas, vous enfermer dans votre chambre, " et placer une sentinelle à votre porte."—" Je vous " remercie de cet aimable soin, et je vous souhaite le " bon soir."—Tout en disant cela, je montais tristement l'escalier du Fort, suivi par un caporal et un fusilier: j'avais la mort dans le cœur. Après m'être cru sûr de ma liberté, je voyais s'élever devant moi, des obstacles d'autant plus grands, qu'on allait, sans doute, prendre

1795.
Je suis reconnu, en sortant du Fort par le Commandant qui me fait rentrer.

1795.

toutes les précautions possibles, pour m'empêcher de les franchir. Il n'y avait pas une minute à perdre, et puisqu'on avait l'imprudence de me remettre dans ma chambre, qui donnait sur la mer, il fallait en profiter, et sauter par la fenêtre au plus vite. Je trouvai notre servante Françoise, à la porte de notre chambre : elle était dans le secrêt, et fut confondue de me revoir. Avant qu'elle eût le tems d'exprimer sa surprise, je la fis entrer avec moi, et la sentinelle n'ayant point fermé notre porte, j'en mis la clef en dedans, et la fermai à double tour.

Je m'é-
chappe par
ma fenêtre
à l'aide
d'une cor-
de.

" Ma chère Françoise," lui dis-je alors, " j'ai été reconnu " par le maudit Commandant, qui rentrait au Fort, " comme j'en sortais : il m'a menacé de me faire ren- " fermer ; et puisqu'heureusement je me trouve encore " dans cette chambre, il faut, sans perdre un moment, " que vous m'aidiez à attacher la corde à la fenêtre : " car, plus tard, il ne me serait vraisemblablement plus " possible de me sauver."—" Ah, mon Dieu!" me dit-elle en patois, " vous vous casserez le cou, et on me " guillotinera!" puis elle se mit à pleurer. Je lui déclarai que si elle n'avait que des pleurs et des cris à m'offrir, elle ferait mieux de s'en aller, et de me laisser me tirer d'affaire sans aide : car mon parti était pris. La pauvre femme me protesta alors qu'elle ne voulait point m'abandonner, que sa seule inquiétude était pour moi, et que puisque j'étais décidé à me sauver par la fenêtre, elle ne s'en irait que lorsqu'elle m'aurait vu en bas. En conséquence, après avoir noué la corde autour d'une espèce de piton qui tenait à la fenêtre, je recommandai à la bonne Françoise de veiller à ce qu'elle ne se défît point, et lui ayant témoigné combien j'étais touché de son attachement, j'enjambai la fenêtre, et je m'abandonnai à la funeste corde. A peine étais-je parvenu à la moitié de la hauteur, c'est-à-dire, à environ trente pieds, que la corde casse, et je tombe sans connaissance, ayant, cependant, le tems, avant de la perdre, d'entendre la pauvre

Françoise s'écrier. "*Ah, mairé dé Diou, es mouort lou* "*pouvre infan!*" (1) Je restai en effet comme mort, pendant plus d'un quart d'heure : en ouvrant les yeux, je fus frappé de la clarté de la lune, et je me trouvai dans la mer jusqu'à mi-corps. Je souffrais beaucoup des reins, et du pied droit que je croyais m'être seulement foulé, grâce au sable, sur lequel j'étais tombé. Mais, après avoir attendu quelque tems le bateau que Beaujolois devait m'amener, je me déterminai à traverser le port à la nage, et à gagner ensuite, comme je pourrais, la maison du rendez-vous, ou quelqu'autre où je serais également en sûreté. (2). Ce fut alors que je m'apperçus, à l'excessive douleur que j'éprouvais, que mon pied était cassé ; et la force me manquant, j'eus une peine extrême à faire cinq ou six brassées, pour attrapper seulement la chaîne du port, et m'y reposer. Elle n'était pas encore fermée, et je me flattai qu'avant qu'elle le fût, il pourrait passer quelque bateau qui se chargerait de m'emmener. J'avais environ trente louis en or, qui étaient la moitié de ce que nous possédions, et Beaujolois avait l'autre moitié. J'espérais qu'une partie de cette somme, ou s'il le fallait, la somme toute entière, suffirait pour engager quelque batelier à me prendre en passant ; mais point ! Pendant les deux mortelles heures, que je restai sur cette chaîne, sept bateaux passèrent ; je faisais en vain à chacun d'eux ma triste supplication, accompagnée de promesses. "Qui es-tu donc," me criaient-ils, "et que fais-tu là ?"— "Je suis mourant. Si vous voulez me venir prendre "dans votre bateau, vous ne regretterez point votre "peine, et je la payerai bien."--"Oh!" disaient-ils, "nous "n'avons pas le tems!" puis ils ajoutaient, "ce ne peut

1795.

La corde se rompt je me casse la jambe.

---

(1) "Ah, mère de Dieu ! il est mort le pauvre enfant !"

(2) J'ai su depuis, que Beaujolais ne me voyant point arriver, avait aussi-tôt voulu prendre un bateau pour me venir chercher, mais que, malgré toutes ses offres, aucun batelier n'avait consenti à sortir du port, à l'heure qu'il était.

" être que quelque **malveillant** : car qu'est-ce qu'un
" honnête homme ferait là, à l'heure qu'il est ?"—et ils
continuaient à ramer. Pendant ce tems je souffrais le
martyre, physiquement et moralement. La douleur de
mon pied et de mes reins m'avait donné une fièvre
violente, et un frisson qui me faisait claquer les dents.
J'étais en outre dans l'eau jusqu'à la ceinture, et ce bain
de plus de deux heures, au mois de Novembre, com-
plettait ma situation. A chaque fois que j'entendais le
bruit d'un bateau, mon espoir se ranimait un peu ; mais
l'atroce dureté de ces hommes me replongeait bientôt
après dans l'abattement le plus affreux. Enfin je com-
mençais à perdre connaissance, lorsque j'entendis un
huitième bateau qui arrivait. Je recueillis aussitôt le
peu de forces qui me restaient, pour adresser ma prière
à ceux qui étaient dedans, et, cette fois, la réponse fut
moins dure, sans être entièrement satisfaisante. " Nous
" ne pouvons pas," me crièrent-ils, " aller vous prendre
" à présent : car il faut que nous allions d'abord chez
" nous ; mais nous ne serons pas longtems, et nous
" reviendrons tout de suite après."—" Oh ! mes, amis,
" dépêchez vous : car, sans cela, vous arriverez trop
" tard ; je me meurs !"—Il me fut très difficile d'articuler
ce peu de mots, et je tombai ensuite dans un évanouissement complet. J'en fus tiré, au bout d'un quart
d'heure, par le retour du bateau dont les hommes me
soulevaient pour m'emporter. J'étais tellement moulu,
et toutes les parties de mon corps étaient si douloureuses
que l'embarquement fut très-pénible. Lorsque je fus
dans le bateau, ils me demandèrent qui j'étais : je pouvais alors à peine balbutier quelques mots, et je trouvai
cependant le moyen de leur faire entendre que, comme
ils me paraissaient de braves gens, je ne doutais pas que
leur humanité ne les portât à m'amener dans la maison
que je leur indiquerais, sans m'accabler de questions auxquelles je n'était pas alors en état de répondre ; que, de
plus, je les payerais de leur peine, de manière à ce qu'ils

ne la regrettassent pas. La maison, que je leur indiquai, était près de là, et occupée par un perruquier nommé Mangin, parfait honnête homme, auquel je pouvais me fier entièrement. L'un de ces hommes me dit alors tout bas. "Je sais qui vous êtes, je vous ai reconnu " tout de suite, car je vous ai vu souvent au Fort, lors- " que la Garde Nationale y montait la garde ; mais je " n'en abuserai pas, soyez tranquille. Je suis bon Roya- " liste, et je vous porterai chez Mangin, qui est mon " ami." Cette assûrance me tranquillisa en effet beau- coup : mais je ne m'attendais pas à ce qui allait m'arri- ver. Comme on fut obligé en me débarquant, de pren- dre les mêmes précautions qui avaient été nécessaires un moment auparavant, pour me mettre dans le bateau, cela donna le tems et l'envie à quelques badauds qui passaient sur le port, de s'arrêter là, et de satisfaire leur curiosité. "Ah ! c'est un homme blessé ! d'où l'ap- " porte-t'-on ? qu'est-ce qui a pu le mettre dans cet " état ?" Plusieurs autres se rassemblèrent autour d'eux, et la foule se forma en un moment.—"Ce n'est rien," disait mon protecteur ; " nous venons de trouver cet " homme qui, vraisemblablement, étant yvre, se sera " querellé avec quelqu'autre, et aura été rossé par lui : " nous le portons chez lui."—Dans ce moment un des curieux s'approchant de moi, et me regardant sous le nez, s'écria dans son affreux langage :—" Eh F . . o ! es En débar- quant sur le rivage, je suis re- connu et arrêté. " oun des Orléans : lou conoisci ben : faut qu'ayga vougu " s'éscapa (1) !"—Et aussitôt on appelle la Garde, et on court rendre compte au citoyen Fréron, de la capture qu'on vient de faire, en lui demandant ses ordres à cet égard. Pendant ce tems on me mit provisoirement chez Mangin, avec quatre hommes de Garde et une sen- tinelle à la porte. Je demandai un chirurgien, car je souffrais le martyre, et son assistance m'était indispen- sable. On m'amena un vieux homme en perruque, qui

---

(1) " Eh F . . . e ! C'est un des Orléans ; je le connais bien ; il faut qu'il ait voulu s'échapper !"

déclara en voyant ma jambe, qu'elle était beaucoup trop enflée, pour qu'on pût rien faire, et se contenta d'ordonner quelques cataplasmes, jusqu'au lendemain matin. Je passai toute la nuit dans une torture épouvantable de corps et d'esprit. Après m'être cru presqu'assûré de recouvrer ma liberté, dont j'étais privé depuis plus de deux ans et demi, je me voyais tout-d'un-coup retombé (et vraisemblablement pour toujours) sous les griffes infernales de ceux, dont je connaissais, par expérience, les dispositions atroces, et que cette tentative de ma part allait rendre encore plus cruels à mon égard. En outre, j'ignorais ce qu'était devenu mon frère : j'étais probablement destiné à ne plus jamais le voir ; et, privé de la consolation de l'avoir pour compagnon, j'allais traîner ma pénible existence, seul, dans le fond de quelque cachot, jusqu'au moment où on jugerait à propos de m'égorger ! qu'on joigne à ces réflexions déchirantes, et à mille autres de la même nature, la douleur que me causait ma jambe, et qui était excessive, on pourra se former une idée de ma situation !

Pour que rien n'y manquât, M. Fréron voulut y ajouter le tourment d'un interrogatoire. Il ne vint pas en personne ; mais il envoya trois Commissaires, pour s'acquitter de ce soin. Ces messieurs, après avoir fait l'inventaire de tout ce qui était dans mes poches, et s'être emparé de mon argent, et de ma montre (ce qui me fut ensuite rendu) commencèrent ainsi : "Qui es-tu ?" "Vous le savez aussi bien que moi."—"N'importe, il "faut répondre à nos questions ; car c'est au nom de "la loi que nous t'interrogeons. Encore une fois quel "est ton nom ?"—"Antoine Philippe d'Orléans."— "Que faisais-tu au pied de la muraille du *Fort Jean*, "lorsqu'on t'y trouva ?—J'y étais tombé, en voulant "m'échapper."—"Pourquoi, cherchais-tu à t'échapper ? "Pour me soustraire à l'atroce tyrannie sous laquelle je "gémis depuis plus de deux ans et demi, et pour re- "couvrer ma liberté, dont on n'avait pas le droit de me

" priver." " Qu'est devenu ton frère ?"—" Je l'ignore :
" j'espère que, plus heureux que moi, il s'est tiré de vos
" mains, et que vous ne le verrez plus."—" Quel est ce
" passeport qu'on a trouvé dans ta poche? et comment
" te l'es-tu procuré?"—C'est ce que je suis très déter-
" miné à ne point vous dire. En tout, je sais tort-bien
" que je suis en votre pouvoir, et que vous ne m'épargne-
" rez pas, mais je sais aussi que je n'ai plus rien à perdre,
" et je vous déclare que me trouvant assez tourmenté
" par la douleur qui me suffoque, je ne veux plus répondre
" à vos assommantes questions." En effet, ils m'en
adressèrent en vain plusieurs autres, et après quelques menaces aussi inutiles, ils décampèrent en disant. " Il y a un
" peu de délire dans son fait." Il n'y en avait pas encore
cependant, mais je ne tardai pas à y tomber. Le pauvre
Mangin, chez qui j'étais, se désespérait, et me rendait
tous les soins imaginables. Je me plaignais que ma
jambe était gelée : car le sang n'y circulait pas, c'était
en vain qu'on l'entourait de briques chaudes et presque
rouges, je ne les sentais pas. Je disais alors au
bon Mangin : " Vous voyez bien que tout cela est
" inutile : débarapssez-moi de mes peines, et tirez-moi
" un coup de pistolet bien placé. Personne ne vous en
" saura mauvais gré, et c'est vraiment le plus grand
" service que vous puissiez me rendre !" Le pauvre
homme se mit à fondre en larmes, et sa sensibilité
provoquant la mienne, contribua un peu à calmer mon
désespoir. Cette cruelle nuit me paraissait un siècle,
lorsqu'enfin le jour commença à poindre. Mangin se
mit en campagne pour m'avoir un bon chirurgien, et
m'en amena un, au bout de quelque tems. Il pansa
ma jambe, qu'il dit être cassée au calcaneum, et me fit
plusieurs copieuses saignées, dont j'éprouvai beaucoup
de soulagement. Quand il eut fini, Mangin me dit tout
bas, qu'il venait de rencontrer sur le port, Beaujolois
qui, en apprenant mon fatal accident, avait aussitôt
voulu venir me voir, mais que lui Mangin s'y était

1795.

1795.

Mon frère apprend mon malheur, et retourne au Fort pour partager mon sort.

opposé, de peur d'avoir l'air de s'entendre avec nous, et que Beaujolois était retourné au Fort. Un moment après, j'eus la visite du Commandant Grippe.—" Eh " bien !" me dit-il, d'un air triomphant et féroce, " c'est " donc comme çà que vous alliez à la comédie ! vous " vouliez me faire guillotiner ; car vous saviez que je " répondais de vous, mais, Dieu merci, vous n'avez pas " pu échapper, et nous allons avoir soin que vous ne " recommenciez pas ce tour là une autre fois !"—" Il " est absurde de dire que je voulais vous faire guillotiner, " car vous savez mieux que personne, que vous ne " pouviez pas répondre de moi, et que ma fuite ne vous " exposait à aucun danger. Au surplus, si vous croyez " avoir à vous plaindre de moi, vous êtes bien vengé, " car je souffre tout ce qu'il est possible de souffrir, " et vous pouvez, sans regret, me dispenser de vos " reproches."—" Ecoutez" me dit-il, " votre frère est au " Fort, et il a grande envie de vous voir. On va vous " enfermer chacun séparement, et vous ne pourrez plus " communiquer ensemble, mais je puis, auparavant, " vous procurer la consolation de le voir un moment, si " vous le desirez ?"—" Ah ! je vous le demande ins-" tamment !" Un quart d'heure après, je vis accourir Beaujolois, tout en larmes.—" Ah, Montpensier," me dit-il, " mon pauvre Montpensier, que tu dois souffrir !"

Le Commandant du Fort permet à mon frère de venir me voir.

Je l'assurai que ma douleur physique n'était rien en comparaison de celle du cœur, et que sa présence me faisait un bien infini, quoique j'eusse sincèrement desiré de ne plus le revoir. Je lui exprimai ensuite ma vive reconnaissance au sujet de son retour. " Hélas !" me dit-il, " je crains bien que nous n'en profitions pas, " car on va nous enfermer séparément ; mais je n'aurais " pas pu jouir sans toi de ma liberté (1) !" à peine avait-il

---

(1) Le seul récit d'un pareil procédé contient tellement son éloge en lui-même, qu'il me paraîtrait aussi inutile qu'impossible d'y rien ajouter, si ce n'est que, tant que je respirerai, ce trait de la plus parfaite amitié, ne pourra jamais s'effacer du fond de mon cœur.

achevé ces mots, que Grippe l'emmena malgré ses
instances et les miennes. Quelques momens après,
un Commissaire de Fréron entra, suivi de quelques
soldats, et d'un brancard. "J'ai," ordre, "dit-il de faire
"transporter ce prisonnier à l'Hôpital : qu'on le place
"sur le brancard ;"—"Citoyen," s'écria le chirurgien,
qui se trouvait alors à côté de mon lit, "il est impossible
"qu'une telle translation ait lieu maintenant, sans de
"grands dangers pour le blessé."—"Je ne connais que
"mes ordres."—"Veuillez au moins communiquer au
"citoyen Fréron, cette observation de ma part."—
"Attestez le par écrit."—Il le fit, et le Commissaire
partit ; mais il revint bientôt après, en déclarant que
le Citoyen Fréron confirmait son ordre précédent,
"*quoiqu'il en pût arriver*," et ne laissait au prisonnier
que le choix de l'Hôpital, ou du *Fort-Jean*. Je choisis
ce dernier, à cause de l'espérance d'y voir mon frère,
ne fût ce que de tems en tems. D'ailleurs la distance
pour y arriver était moins grande que celle de l'hôpital,
qui était à l'autre bout de la ville ; et je tenais beaucoup
à abréger, autant que possible, le voyage en brancard,
au milieu d'une populace curieuse et insultante. Je ne
pus l'éviter tout-à-fait, et même il s'était rassemblé une
telle foule, pour me voir passer, que ceux qui me portaient
escortés d'une vingtaine de soldats, eurent de la peine à
la traverser pour arriver au Fort, et ne purent s'en
acquitter, sans me froisser la jambe d'une cruelle
manière. Je trouvai Beaujolois dans la cour du Fort :
il accourut vers moi, et m'annonça avec une joie que je
partageai au fond de l'âme, qu'il espérait qu'on ne nous
séparerait pas. Je lui demandai alors, si on allait nous
mettre au cachot !—"Non," me dit-il, " nous allons
"être enfermés, dans les mêmes petites chambres, où
"on nous avait mis, à notre sortie de la Tour."—Et ce
fut en effet là, où je fus porté, suivi par Beaujolais
dont j'eus l'extrême consolation de ne pas être séparé.
Je passai la nuit qui suivit ma translation, et qui était

1795.

On me transporte au Fort.

1795.

la seconde depuis mon accident, dans des douleurs hor‑
ribles. Beaujolois, se fit conduire trois fois chez le
Commandant, pour obtenir de lui qu'on baissât le pont,
afin d'envoyer chercher le chirurgien, et il ne reçut en
réponse que les refus les plus durs.—" Mon frère se
" meurt," lui dit-il à la fin, " c'est vous qui serez
" responsable de sa mort, si vous ne permettez pas qu'on
" aille appeller un chirurgien."—" Je m'en f . . . . "
répondit le Commandant, " qu'il crève, si bon lui
" semble : cela ne me regarde pas. Le pont ne doit
" être baissé sous aucun prétexte : et qu'on ne vienne
" plus m'importuner ! Car cela m'ennuie."—Beaujolois
lui témoigna son indignation, et je restai jusqu'au jour,
en proie aux douleurs les plus vives et dans un délire
complet. Cependant, grâces aux soins, et à l'habileté
du chirurgien qui entreprit ma cure, j'éprouvai au bout
de deux ou trois jours, un grand soulagement ; et
au bout de neuf, la fièvre me quitta tout-à-fait.
La bonne et fidèle Françoise, reprit son service auprès
de nous, dès le moment de notre rentrée au Fort, et
elle en fut quitte pour quelques menaces qui n'eurent
aucune suite. Il en fut de même de Louis qui, après
avoir accompagné Beaujolois jusques auprès du Fort,
n'y rentra que quelques heures après, et feignit un
grand étonnement, en entendant le récit de tout ce qui
venait de se passer. On l'interrogea, on le menaça ;
mais il tint ferme, et il ne lui arriva rien. Une
chose assez bizarre, c'est que la seule personne qui se
trouva compromise dans cette affaire fut un secrétaire
de la Municipalité, que nous ne connaissions nullement,
avec lequel nous n'avions jamais eu la moindre relation,
mais qui avait signé les passeports en blanc que nous
nous étions procurés pour quelques louis. Il fut arrêté, et
resta trois mois en prison, après quoi on l'en fit sortir sur
la découverte du commis, vendeur de passeports, qu'on
ne put cependant jamais attraper. L'ami de Bétemps,
qui s'était si bien employé pour faciliter notre fuite,

décampa, lui-même, dans le bâtiment sur lequel 1795.
nous devions nous embarquer, et qui fit voile à la
pointe du jour, comme il l'avait annnoncé. Jamais je
n'oublierai l'affreuse sensation que j'éprouvai, lorsque
ce même matin, après avoir passé la nuit dans les plus
cruelles tortures de corps et d'esprit, Mangin, chez qui
j'étais, dit, en regardant par la fenêtre, " Voilà un bâti-
" ment qui part!"—" Quel pavillon," m'écriai je ?—
" Toscan."—C'était le nôtre ! " Eh mon Dieu ! je serais
" donc, à l'heure qu'il est, sûr de ma liberté : je me
" livrerais avec mon pauvre frère, à la joie la plus vive !
" Et au lieu de cela . . . . . . quel cruel contraste !"

Je restai quarante jours au lit, et ne commençai à me
tenir sur mes jambes, qu'au bout de ce terme ; encore
ne pouvais-je faire que deux ou trois pas, avec une peine
extrême et soutenu des deux côtés. Je fus boiteux,
pendant quinze mois après mon accident, et l'enflure
de ma jambe ne se dissipa totalement qu'à cette époque.
Mais revenons au Fort, car nous avons encore quelques
mois à y passer, et nous ne nous flattions pas même
alors d'en être quittes à si bon marché.

La dépréciation des assignats croissait journellement
à un tel point, que, quoiqu'on eût voulu augmenter
à-peu-près en proportion, le mince traitement qu'on
nous accordait pour notre subsistance, nous nous
trouvions réduits à la valeur de quarante sous effectifs
par jour, pour nous deux et nos deux domestiques, Louis
et Françoise. Il est vrai que ces quarante sous portaient Dépré-
la brillante dénomination de deux mille francs, et qu'as- ciation des
assignats.
sûrément un traitement de deux mille francs par jour était
assez magnifique ; mais malgré cette magnificence *de
mots*, nous ne nous appercevions que trop, en payant
notre viande, nos légumes, notre bois et notre charbon,
que nous ne recevions réellement que *quarante sous*.
Jamais nous n'eussions pu nous tirer d'affaire, si nous
n'avions pas eu le peu d'argent dont j'ai fait mention
ci-dessus, et de plus, quelques foibles secours que ma

 mère nous faisait passer de loin en loin. Enfin, vers le mois de Mars ou d'Avril 1796, les assignats n'ayant plus aucune valeur, et personne ne voulant les recevoir, nous pétitionâmes les Administrations pour obtenir quoique ce fût en numéraire. Il répondirent qu'ils ne pouvaient donner que des assignats, qu'ils en donneraient tant que nous voudrions, mais pas un sou sonnant. Nous les remerciâmes de leur papier, dont nous ne pouvions rien faire et nous nous tirâmes d'affaire comme nous pûmes, avec le peu que nous avions, et ce que nous envoyait ma mère. Pendant ce tems, nous ne cessions de la presser de solliciter pour nous, l'exécution du décrêt sur l'échange des membres de la famille de Bourbon détenus en France, contre les quatre ou cinq représentans du peuple, détenus en Autriche. Ce décrêt avait été exécuté en grande partie, puisque les représentans avaient été rendus aussitôt que Madame, fille de Louis XVI. avait eu la liberté de sortir de France ; mais personne ne paraissait prendre intérêt à notre sort, et cette cruelle indifférence ne nous laissait pas appercevoir de terme à notre captivité. On ne s'accoutume point à une semblable existence : nous en avions la triste preuve : car notre impatience de sortir de prison quoique nous y fussions depuis trois ans était alors pour le moins aussi vive, qu'au commencement de notre captivité. Ma mère nous promettait, par tous les couriers, d'obtenir notre délivrance au premier moment. Elle en fixait même l'époque ; mais cette époque se passait toujours, sans que l'acte de délivrance arrivât. Elle nous avait enjoint de ne pétitionner que quand elle nous le manderait ; elle nous le manda : nous pétitionâmes, ce fut sans effêt. Vers le milieu de Mai, elle nous annonça que sa fidèle et excellente amie, Madame de la Charce, (1) allait se mettre en route pour

Arrivée de Mme de la Charce.

---

(1) Mme de la Charce était une de ses dames.

Marseille, munie de tout ce que nous desirions depuis si longtems. Nous l'attendions avec une impatience extrême : elle arrive à Marseille. Mangin, le bon Mangin, que nous avions chargé d'être aux aguets, vient nous l'annoncer avec empressement : il l'a vue, lui a parlé, et dans un moment elle sera au Fort. Elle paraît, se trouve mal en nous voyant, se remet, fond en larmes, nous l'embrassons, nous la questionnons sur ce qu'elle nous apporte, puis. . . . . . nous apprenons avec douleur, que notre liberté est encore *à venir*, et qu'elle n'est chargée que de lettres de ma mère, d'instructions verbales, et de quelques présens de sa part. Notre désappointement fut vif ; mais nous le lui cachâmes de notre mieux. D'ailleurs nous écoutâmes avec un intérêt extrême, tous les détails qu'elle nous communiqua sur ma mère, sur sa captivité, &c. et de plus, il nous eût été impossible de ne pas être vivement touchés des marques d'amitie et de sensibilité que nous donnait cette excellente personne. Depuis lors, elle ne cessa pas un seul jour, jusqu'au moment de notre délivrance, de venir, dans notre triste demeure, adoucir par ses soins, l'amertume de notre sort.

Au commencement de Juin, on amena au Fort, comme prisonnier, celui qui en avait été Commandant, lors du massacre. Les jacobins avaient juré sa perte, et menaçaient hautement de venir *l'expédier* eux-mêmes, si on ne le leur sacrifiait pas promptement. Ils annonçaient aussi l'intention de nous comprendre dans cette *expédition*, accusant " *ces infâmes Cupets* (c'est ainsi qu'ils nous nommaient) d'avoir pris part au massacre. Pagès, l'ex-commandant, (1) nous fit dire de son cachot, par le concierge qui heureusement était un brave et honnête homme, qu'il savait positivement par son conseil,

---

(1) Ce malheureux, quelque tems après notre sortie de prison, fut jugé par une Commission Jacobine qui le fit fusiller, comme complice du massacre.

qu'on devait nous impliquer dans la procédure intentée contre lui, et qu'il nous en prévenait, afin que l'étonnement que nous causerait une semblable accusatiou ne pût pas nous être funeste .... Il ne manquait plus que cela pour completter l'horreur de notre sort. Il était bien évident que si on se déterminait à nous faire comparaitre devant un tribunal, on aurait soin de le garnir de faux témoins et de juges *à la Robespierre*, qui ne nous en laisseraient sortir que pour nous envoyer à la guillotine ; mais quoique les Jacobins eussent alors assez de prépondérance, ils n'étaient cependant pas tout-puissans, ils n'avaient même la majorité dans aucune des administrations ; et, sans cette circonstance, nous eussions infailliblement été (quoique deux ans après la mort de Robespierre) victimes de leurs atroces machinations. Nous étions cependant loin d'en être entièrement à l'abri ; car si la ressource de l'assassinat judiciaire leur manquait, celle de l'assassinat pur et simple, était parfaitement à leur portée, et ils y eurent recours, en effèt, mais Dieu merci ce fut en vain. Un soir, après que Mme De la Charce (qui, comme je l'ai déja dit, passait avec nous la plus grande partie du jour) s'était retirée à son auberge, Mangin, le bon et honnête perruquier qui nous avait donné tant de preuves d'attachement, accourut, le visage tout en sueur, et d'une pâleur mortelle : " Je viens," nous dit-il, " d'entendre cinq ou six des plus scélérats jacobins, tenir " des propos atroces sur votre compte, et sur celui de " Pagès, et ils se sont accordés ensemble pour venir vous " *rendre visite* ce soir (telle a été leur expression), aussi-" tôt qu'il commencera à faire obscur. J'en ai prévenu le " concierge, sur qui vous pouvez compter, et je vous en " préviens, afin que s'ils pénétraient dans le Fort, vous " puissiez être assez bien barricadés pour vous défendre " ici quelque tems, jusqu'à ce qu'on ait donné l'allarme " et qu'on vienne à votre secours." Nous remerciâmes le bon Mangin, de tout notre cœur, et nous nous apprê-

On nous avertit que les Jacobins veulent nous assassiner. Ils viennent au Fort, et en sont chassés par la Garde.

tâmes à mettre son avis à profit. Au moment où il
sortait, Louis arrive, tout hors d'haleine, en criant: 1796.
" *Ben vitô ! la barro de ferro contro la porto ? soun*
" *din lou fort a quei B—— de Jacobins ; les aye*
" *vis !*" (1). —Aussitôt dit, aussitôt fait. La barre (car
nous en possédions une) est appliquée contre la porte ;
et de plus une broche placée obliquement, de manière à
pouvoir résister au moins vingt minutes. Lorsque tous
ces préparatifs de défense sont finis, Louis nous conte
qu'étant à boire dans la cantine, (2), il à vu sept ou huit
Jacobins se jetter sur le concierge, pour lui arracher ses
clefs, après l'avoir d'abord sommé de les leur donner ;
que la garde ne paraissait prendre aucun parti, mais que
le concierge se défendait de tout son pouvoir. Ce récit
n'était point du tout gai, et nous causa une des sensations
les plus pénibles qu'on puisse éprouver. Nous possédions
depuis peu, une paire de pistolets que Louis nous avait
achetés : nous les chargeâmes, et nous en prîmes chacun
un, résolus de vendre notre vie, le plus cher que nous
pourrions. Louis s'arma d'un grand couteau de cuisine,
et Françoise se mit à pleurer. Un moment après, nous
entendîmes un grand bruit, du côté de la première cour :
nous observions, pendant ce tems le silence le plus profond. Enfin le bruit cesse, et nos inquiétudes diminuent,
en voyant qu'au bout d'une demi-heure, la visite ne
s'effectue pas, et que tout paraît tranquille dans le Fort.
Une heure se passe : il n'arrive rien. Nous ne pouvions
envoyer à la découverte, car la consigne de la sentinelle
qui gardait notre porte, était de ne laisser sortir personne,
après la nuit fermée. D'ailleurs nous ne voulions pas
défaire la barricade. Après avoir causé quelque tems
sur notre vive allarme, et sur notre joie de la voir dis-
sipée, nous nous couchons, et nous nous endormons

---

(1) " Bien vite, la barre de fer contre la porte ! ils sont dans le Fort ces
" B——— de Jacobins, je les ai vus !"

(2) Le cabaret du Fort.

1796.

bientôt après : on a bien raison de dire qu'il existe *des grâces d'état* ; et ce sommeil en pareil cas, n'en était pas une petite ! Vers minuit, nous sommes réveillés en sursaut, par des coups redoublés à notre porte. Jamais réveil ne fut plus affreux ! Françoise pousse un cri effrayant. Nous nous jettons à bas de nos lits, et nous courons à la porte, bien déterminés à ne pas l'ouvrir.— " Que nous veut-on," criai-je ?—"Vous n'avez pas le droit " de vous enfermer ainsi, et il faut que nous entrions !"— " Dites-nous qui vous êtes !"—" La ronde de nuit."— " Jamais nous n'avons été assujettis aux rondes de nuit ; " et qui que vous soyez, quelles que soient vos intentions, " nous ne vous ouvrirons certainement pas." Nous les laissâmes ensuite éclater en menaces, et nous ne leur répondîmes plus. Ils s'en allèrent, et nous respirâmes de nouveau. Je crois réellement que si cette scène eût duré plus longtems, la pauvre *Françoise* en serait morte, car elle avait déja perdu connaissance. Nous nous recouchons ; au bout d'une heure, nouvelle allarme, nouveau tapage à la porte. Cette fois nous ne répondîmes rien, et bientôt après, le bruit cessa pour tout-à-fait.

Nous apprîmes le lendemain, que ces deux allarmes nocturnes n'avaient été causées que par un caporal yvre, qui s'était mis dans la tête, de faire une ronde de nuit dans toutes les prisons du Fort. Dans un tems ordinaire, nous en eussions certainement été plus impatientés qu'effrayés ; mais immédiatement après la sérieuse allarme que nous venions d'essuyer, l'effèt en fut aussi complet qu'il soit possible de l'imaginer. Quant à l'issue de la tentative jacobine, nous sûmes que la garde était venue au secours du concierge, et qu'elle avait forcé la bande à se retirer.

On nous donne un très bon logement, et la permission de nous promener dans le Fort, sur parole.

Vers le milieu d'Août, le Commandant du Fort, nommé Mōriaucourt, qui, quoiqu'un peu Jacobin, n'était cependant pas méchant, et semblait même assez bien disposé à notre égard, vint un jour, nous trouver, et nous témoignant la peine qu'il avait de nous voir dans une

aussi cruelle position, il nous offrit de l'adoucir autant
qu'il serait en son pouvoir, c'est-à-dire, de nous donner
un meilleur logement et la liberté de nous promener
dans le Fort, tant que nous voudrions, sans factionnaire,
ni personne pour nous accompagner ; à condition toutes
fois, que nous lui donnerions notre parole d'honneur de
ne point nous sauver. Nous acceptâmes son offre avec
joie et reconnaissance, non cependant, sans quelques
regrets de nous voir ainsi liés par notre parole, mais en
nous flattant d'après les promesses de ma mère, qui
étaient alors plus positives que jamais, que cet engage-
ment n'aurait pas d'inconveniens pour nous. Deux jours
après, nous prîmes possession d'un très-bon logement,
donnant sur la mer, et qui faisait autre-fois, partie de
l'appartement du Commandant. Nous recommençâmes
aussi à jouir de la liberté de nous promener dans le Fort ;
et ces adoucissemens nous causèrent d'autant plus de
joie, qu'ils paraissaient être les avant-coureurs de notre
délivrance. Nous avions d'ailleurs lieu de croire que,
quelque bien disposé en notre faveur, que fût Moriaucourt, il n'aurait pas pu prendre sur lui une pareille mesure, sans y être au moins autorisé par un pouvoir supé-
rieur. Nous nous gardâmes cependant bien, comme de
de raison, de lui laisser pénétrer notre idée à cet égard,
ni de lui faire soupçonner que nous attribuassions ses bons
traitemens, aux frais que nous avions faits pour attirer
ses bonnes grâces, c'est-à-dire à plusieurs petits présens
qu'il avait bien voulu ne pas refuser. D'ailleurs,
d'autres, tout aussi peu scrupuleux, s'étaient si mal con-
duits à notre égard, que nous devions toujours lui savoir
gré, de cette espèce de fidélité à ses engagemens. Il ne
borna même pas ses faveurs, aux adoucissemens dont
je viens de faire mention : car il nous permit de nous baigner dans la mer, au pied du Fort ; mais il ne nous cacha
pas qu'il avait été autorisé à ce dernier acte de douceur,
par le Général Willot, qui venait d'arriver à Marseille,

1796.

Notre sort
s'adoucit
de plus en
plus.

avec des pouvoirs très étendus. Les mesures anti-jacobines que ce Général s'empressa d'adopter à son arrivée, changèrent totalement la face des choses. Les Jacobins cessèrent de lever la tête : plusieurs des plus coupables furent enfermés, et les autres se cachèrent. Notre Commandant affectait de répéter qu'il avait toujours détesté cette race maudite, mais il oubliait que nous lui avions entendu tenir des propos tout différens, ou plutôt, il n'avait pas honte d'être, comme tant d'autres, toujours partisan des plus forts.

Quoiqu'il en fût, nous jouissions des changemens qui venaient de s'opérer dans notre situation ; mais nous ne pouvions oublier que quelqu'embellie, quelqu'agrandie que fût notre cage, elle n'en était pas moins cage, et par cela seul, odieuse. D'ailleurs, les clefs en pouvaient tomber, d'un moment à l'autre, dans les mains de nos mortels ennemis : et qui pouvait douter alors, qu'ils ne s'empressassent de se dédommager du tems perdu ? Nous nous déterminâmes à faire part de ces considérations à ma mère, de la manière la plus précise et la plus détaillée ; car quoiqu'elle sollicitât vivement notre liberté, elle paraissait répuguer à quelques unes des conditions qu'on y mettait, par exemple à ce que nous allassions en Amérique, mais le voyage de la Cochinchine, et du Japon, nous aurait paru délicieux, si notre liberté en avait été le prix. Enfin nous la supplions instamment de considérer, qu'en s'obstinant à refuser cette condition qui nous paraissait avantageuse, et à en demander d'autres qui l'étaient au moins fort peu, elle exposait ses enfans, non seulement aux couteaux des Jacobins qui, d'un moment à l'autre, pouvaient reprendre le pouvoir, mais au danger, bien plus redoutable encore, selon moi, d'une captivité perpétuelle. A ces observations, nous joignions le récit détaillé de tout ce que les Jacobins de Marseille venaient de tramer dernièrement, contre nous : Mme de la Charce y ajouta ses notes, et nous confiâmes le tout aux soins du bon Mangin, qui s'offrit à être notre messager et que nous fîmes aussitôt partir pour Paris.

On peut imaginer l'impatience avec laquelle nous attendîmes son retour! nous eûmes cependant à passer un mois dans cette attente : car ce ne fut qu'au bout de ce terme, que nous vîmes reparaître notre fidèle messager. Il ne nous apportait encore que des promesses; mais celles là étaient d'un genre si positif, que nous commençâmes à nous livrer à l'espérance. Ma mère nous mandait que, malgré l'extrême répugnance qu'elle avait personnellement à nous laisser franchir les mers, pour aller habiter une autre partie du monde, comme notre bonheur était pour elle la première des considérations, elle avait consenti à une mesure qui, dans la circonstance actuelle, paraissait être la condition fondamentale de notre liberté ; qu'en conséquence, le directoire allait prendre un arrêté, pour nous faire quitter l'odieux Fort St. Jean, et nous embarquer, sur-le-champ, pour l'Amérique, aussitôt qu'elle (ma mère) aurait reçu la nouvelle du départ de notre frère aîné, pour cette partie du monde : car messieurs du directoire avaient exigé d'elle, qu'elle lui demandât ce sacrifice, comme condition de notre liberté. Il n'avait pas hésité à lui répondre qu'il se trouverait trop heureux, de pouvoir contribuer à un évènement qui lui tenait tant à cœur, et depuis si longtems. On n'attendait donc plus que la nouvelle de son départ de Hambourg; car les soupçonneux gouvernans ne voulaient signer leur arrêté que quand ils en auraient acquis la certitude : cette nouvelle arriva enfin, et l'arrêté fût signé. Nous reçûmes la bienheureuse nouvelle de cette signature, dans les premiers jours d'Octobre (1). La joie qu'elle nous causa peut mieux s'imaginer que se décrire ; cependant elle ne fut

1796.

On consent enfin à nous mettre en liberté, à condition de partir immédiatement pour l'Amérique.

---

(1) Le bon Général Willot s'empressa de nous annoncer qu'il en avait reçu la dépêche officielle.

1796.

pas sans mélange. L'arrêté était bien rendu ; mais son exécution paraissait devoir entrainer des longueurs considérables ; d'abord le choix d'un bâtiment, son équipement &c. tout cela devait prendre au moins un mois, et pendant ce mois, que de choses pouvaient se passer, et nous replonger encore dans notre affreuse captivité ! Le Commissaire de la marine chargé de l'exécution de cet arrêté, eut l'attention de venir nous voir, et ne nous cacha pas que les restrictions économiques que le directoire mettait aux arrangemens à prendre, devaient nécessairement en prolonger la durée. Il nous déclara qu'il avait ordre d'acheter notre passage à bord d'un bâtiment que le Gouvernement des Etats-Unis faisait fréter pour ramener dans leur patrie, tous les Américains rachetés de l'esclavage d'Alger, au nombre de plus de quatre-vingt. " Ce bâtiment," ajouta-t-il, " est petit, " sale et incommode, et avec un aussi grand nombre de " passagers, vous y serez horriblement mal."—" Beau- " coup mieux qu'ici," lui répondîmes-nous, " et de " grâce, ne songez qu'à nous y embarquer le plutôt pos- " sible !"—" Mais en attendant un peu, on trouverait " certainement une meilleure occasion."—" Rien ne " peut être pis qu'une pareille attente, et dût on nous " mettre à fond de cale, nous le préférerions infiniment " à la moindre prolongation de ce séjour ci."—" Eh " bien," nous dit le bon Commissaire, " je vais faire " tous mes efforts pour que vos desirs soient bientôt " satisfaits, et pour qu'en même-tems, vous soyez aussi " passablement sur ce bâtiment, que sa nature le com-

Notre joie est diminuée par la nécessité d'attendre le départ du bâtiment qui devait nous conduire.

" portera." Malgré ses bonnes intentions et ses soins, la chose ne pouvait aller vite, car les Américians rachetés d'esclavage, étaient encore en quarantaine pour trois semaines, et nous ne pouvions pas songer à partir avant qu'ils n'en fussent sortis. Trois semaines en pareil cas, nous paraissaient trois siècles.

Cependant notre captivité cessait pour ainsi dire, d'en être une, depuis la réception de l'arrêté, et n'en avait

plus que l'odieux nom ; mais ce nom, joint à la possibilité de retomber à tout moment, dans la réalité de la
chose, suffisait pour empoisonner tous les adoucissemens
que nous éprouvions. Nous sortions presque tous les
soirs, à l'entrée de la nuit, avec le Commandant Moriaucourt, qui ne se cachait pour cela, que des Jacobins,
car il avait l'approbation tacite du Général Willot:
quelques fois nous allions à la Comédie, dans une petite
loge où nous ne pouvions pas être vus : quelques fois
aussi, nous allions souper chez la bonne Mme de la Charce
qui nous recevait dans son auberge, et c'était alors une
joie bien vive, de part et d'autre ; mais cette joie
était loin d'être sans mélange, car les Jacobins
nous causaient des inquiétudes continuelles. Si Moriaucourt en appercevait un, lorsque nous passions
ensemble dans la rue, il prétendait, qu'il allait être dé-
noncé, destitué et perdu. Si l'on frappait un peu rude-
ment à la porte, ce devait être quelque Municipal, ou
Administrateur qui, soupçonnant que nous étions là,
venait s'en assurer lui-même. D'un autre côté, ces
Messieurs, ayant effectivement découvert nos sorties
nocturnes, allèrent les dénoncer au Général, qui en était
parfaitement instruit, mais qui fut obligé de faire beaucoup de bruit à cet égard, de nier le fait, et de nous
enjoindre secrettement, de rester au Fort jusqu'à ce qu'il
pût nous en tirer tout-à-fait, ce qui ne tarderait pas à
avoir lieu. Quelques jours avant ce bien-heureux
évènement, le Commandant Moriaucourt fut arrêté
par ordre du Général Willot, et mis au cachot, pour
avoir laissé échapper deux Jacobins renommés qu'on
avait confiés à sa garde, et dont il était plus que soup-
çonné d'être le complice. Ce malheureux allait être
jugé par la commission militaire, et selon toutes les
apparences condamné à mort, si, après avoir fortement
sollicité sa grâce, nous ne l'eussions obtenue du Général
Willot, qui était Président de la Commission. " Je
ne puis rien vous refuser," nous dit-il, " et je

1796.

1795.

" considère votre demande comme un ordre ; mais il ne
" fallait rien moins que cela pour sauver un misérable,
" contre lequel j'ai les preuves les plus fortes, de bas-
" sesse et de vénalité. Il a eu le bonheur de s'attirer
" votre intercession par sa conduite envers vous; et
" quoique je la soupçonne, beaucoup de n'avoir pas
" toujours été désintéressée, je vous promets qu'il aura
" sa grâce, et que, de plus, il saura qu'il vous la doit."
—Nous fîmes au bon Général, tous les remercimens
que méritait une pareille faveur, en le priant cependant,
de laisser ignorer à Moriaucourt la part que nous avions
eue à cet acte de clémence.

Après avoir attendu, avec une impatience inexprimable, la fin de la quarantaine de nos futurs compagnons
de voyage, nous en reçûmes la nouvelle si desirée, par le
Consul des Etats-Unis (M. Cathalan) qui s'empressa de
venir nous l'annoncer, et qui se conduisit en tout, pour
nous, d'une manière parfaite. Non seulement il refusa,
au nom de son Gouvernement, de recevoir le prix de
notre passage en Amérique, mais, par les arrangemens
pécuniaires et autres, auxquels il se prêta avec une obli-
geance extrême, il applanit toutes les difficultés qui
auraient pu, sans cela, retarder notre départ. Ses bons
procédés allèrent même jusqu'à offrir de nous recevoir
dans sa maison, et de répondre de nous, pendant le
tems qui pourrait s'écouler encore jusqu'au départ du
bâtiment. Le Général Willot, ne demandait pas
mieux que de consentir à cet arrangement, mais le
commissaire du Gouvernement auquel était confiée une
partie de l'exécution de l'arrêté qui nous concernait,
s'y opposa fortement et soutint que nous ne devions
sortir du Fort, que pour aller nous embarquer. " Eh
" bien! qu'on les embarque sur le champ," dit le Général.—" J'y consens," répondit l'autre, " pourvu qu'ils
" ayent à bord une garnison de cinquante Grenadiers,
" jusqu'au moment où le vaisseau mettra à la voile."—
" Quant aux Grenadiers," reprit le Général, " c'est mon

Obligean-
ce du Con-
sul des
Etats-Unis
d'Améri-
que à notre
égard.

Le Géné-
ral Willot
vient nous
tirer du
Fort, pour
nous faire
embarquer

" affaire et je me charge de ce soin."—A l'issue de cet
entretien dont, comme de raison, nous n'eûmes connaissance que dans la suite, le bon Général Willot nous
envoya un de ses aides-de-camp, pour nous prier, de la
manière la plus polie et la plus aimable, de permettre
qu'il vint nous demander à dîner ce jour là même, ne
pouvant pas nous recevoir chez lui, ainsi qu'il se trouverait heureux de le faire, si les circonstances le lui permettaient.   Ce message nous parut de très bon augure,
et nous fit le plus grand plaisir, sans cependant que
nous comprissions son véritable motif.   Enfin vers trois
heures, le Général arrive, et après s'être excusé de la
liberté qu'il avait prise, il nous demande si nous ne
sommes pas bien préparés à quelqu' heureuse nouvelle.
" Oui," répondîmes nous, " on nous assûre que notre
" bâtiment sera prêt dans peu de jours, mais il y a déja
" assez longtems qu'on nous le promet, et en attendant
" nous sommes toujours dans le triste Fort !"—" Et si
" je venais pour vous en tirer de ce triste Fort?"—" Oh!
" c'est impossible !"—" Eh bien !" répliqua-t-il, " sachez
" que je suis venu tout exprès pour avoir la satisfaction
" de vous annoncer moi même que, dès ce soir, vous
" sortirez de ce Fort que vous avez tant de droits de
" détester."—" Quoi ! pour n'y plus rentrer?"—" Non, à
" moins que vous n'en ayez le desir."—A ces mots auxquels nous osions à peine ajoûter foi, nous nous regar-
dâmes réciproquement, puis nous nous jettâmes dans les
bras l'un de l'autre ; nous nous mîmes à pleurer, à rire,
à sauter, et, en un mot, à donner pendant un quart
d'heure, toutes les marques de la folie la plus complette.
Après ces premiers transports, nous apprîmes du Général
que, quoique notre vaisseau ne dût mettre à la voile que
dans cinq ou six jours, il allait nous y conduire (pour la
forme) avec le Commissaire du Gouvernement, qui
voulait assister à notre embarquement ; qu'à peine y
serions nous restés un quart d'heure, qu'il nous enverrait
un canot, pour nous mener à terre, chez le Consul

1796.

1796.

Cathalan, où nous logerions, et d'ou nous irions ensuite où bon nous semblerait, ayant cependant soin de ne pas trop nous montrer pendant le jour. Nous remerciâmes de tout notre cœur, le brave homme à qui nous devions cette précieuse anticipation de liberté, et nous nous mîmes ensuite à table, non pour manger, mais pour nous livrer à l'excessive joie, qui, comme le chagrin, bannit l'appétit. Après le diner on annonça l'arrivée du Commissaire du Gouvernement qui, entrant dans la chambre sans saluer personne, s'avança vers le Général Willot avec l'air le plus insolent, et lui dit :—" Je ne m'attendais pas, Général, à vous trouver ici !"—" Citoyen," reprit l'autre, sans paraitre deviner son motif " nous autres militaires, " nous sommes accoutumés à une grande exactitude, et " je n'ai pas voulu y manquer dans cette occasion-ci." —Aussitôt après, on fit venir le concierge des prisons du Fort ; et nous vîmes, non sans une grande émotion, rayer nos noms de l'écrou, ou ils étaient restés si long-tems. On enrégistra l'acte de notre délivrance, et lorsque toutes ces formalités furent finies, on nous déclara que nous pouvions sortir.

Il est impossible de rendre la sensation que j'éprouvai, en passant sur le pont-levis, et en comparant avec le moment actuel, les affreuses époques où j'étais passé sur ce même pont. La première, à mon entrée dans cet odieux Fort, où j'étais resté trois ans et demi, et la seconde, lors de ma malheureuse tentative pour m'en échapper. Mais la douce idée que je repassais ce pont pour la dernière fois, pouvait à peine entrer dans mon esprit, et je me croyais, de bien bonne foi, au milieu d'un songe, redoutant l'horrible moment du réveil. Nous trouvâmes à la sortie du fort, un nombreux détachement de grenadiers, qui nous accompagna jusqu'à la chalouppe, où nous nous embarquâmes avec le Général Willot, et le Commissaire du Gouvernement : tout se passa comme on nous l'avait annoncé ; et après être restés un quart d'heure sur notre vaisseau, nous nous

Après avoir été embarqués en forme, nous revenons secrettement chez le Consul des Etats-Unis attendre que le bâtiment mette à la voile.

rendîmes chez le Consul Cathalan, qui nous reçut à bras ouverts, et où nous trouvâmes la bonne Mme de la Charce et le Général Willot. Nous passâmes chez lui les cinq ou six jours qui précédèrent notre embarquement, de la manière la plus agréable. Nous ne sortions que le soir, en véritables oiseaux de nuit ; mais la comédie nous enchantait, et le reste du tems se passait à merveille. Cependant nous nous trouvions trop près de l'infernale demeure, et trop exposés à y être replongés d'un moment à l'autre, pour ne pas desirer vivement notre départ : aussi fûmes nous comblés de joie, lorsqu'on nous annonça que notre vaisseau devait mettre à la voile le lendemain matin. Nous ne dormîmes pas un seul instant de la nuit, et le 5 Novembre 1796, à sept heures du matin, nous nous rendîmes avec le Général, le Consul Cathalan, et la bonne Mme de la Charce, à bord de notre vaisseau. Mangin, et la pauvre Françoise voulurent aussi nous y accompagner, pour nous y faire leurs adieux. Le peuple de la Ville, instruit de notre départ, s'amassa bientôt en foule, pour nous voir. Le port et le rivage voisin en étaient couverts. Le Fort était garni de gens aux fenêtres et sur les parapets, la plupart nous félicitant sur notre heureuse délivrance, quelques uns enviant notre sort, et d'autres souhaitant, qu'une bonne soupape, appliquée à notre bâtiment, pût les débarasser promptement de deux membres de *l'odieuse race !*

Pendant ce tems, le Général Willot nous exprimait à la hâte, ses vœux sincères pour notre heureuse traversée, et pour un plus heureux retour, son dévouement à la bonne cause, et son espoir de lui être utile un jour. La bonne Mme de la Charce, avait le cœur déchiré, et prête à s'évanouir, elle fut obligée de quitter le bâtiment sans nous dire adieu. La pauvre Françoise, pleurait à chaudes larmes, et l'honnête Mangin, nous témoignait aussi son attachement à sa manière. Enfin l'ancre se lève, les voiles s'enflent, ceux qui de-

1796.

5 Novembre. Nous retournons à bord du vaisseau et nous partons.

1796.

vaient rester en France, descendent à la hâte dans leurs canots : tous les adieux se répètent mille fois, et un vent frais s'élevant, nous nous éloignons rapidement de cette terre, où nous avions été si malheureux, et dont cependant nous n'avons pas cessé de souhaiter le bonheur.

Le vent étant devenu contraire, quelque tems après, et nous ayant retenu vingt-trois jours dans la méditerranée, nous fûmes obligés de relâcher à Gibraltar, où le Général O'Hara qui en était alors Gouverneur, nous rendit le très court séjour que nous y fîmes, extrêmement agréable, par toutes sortes d'attentions d'autant plus satisfaisantes pour nous, qu'elles contrastaient d'une manière frappante, avec le traitement que nous éprouvions depuis longtems. Cet accueil, parfait à tous égards, était le présage de l'hospitalité qui fut depuis, si généreusement exercée envers nous en Angleterre.

Après une traversée de quatre-vingt-treize jours, non moins pénible que longue, à raison de l'extrême incommodité de notre bâtiment, et de la multitude de passagers dont il était chargé, nous arrivâmes en Amérique, où toutes nos peines furent, si non oubliées, au moins bien adoucies, par l'idée de nous retrouver en possession de notre liberté, et par le bonheur inappréciable de serrer dans nos bras un frère chéri, que nous avions longtems désespéré de jamais revoir, et dont nous étions séparés depuis quatre bien cruelles années.

F I N.

TABLE des MATIÈRES.